两岸关系新里程

海协与海基会复谈纪实

海峡两岸出版交流中心　编

九州出版社
JIUZHOUPRESS

图书在版编目（CIP）数据

两岸关系新里程：海协与海基会复谈纪实/海峡两岸出版交流中心编. －北京：九州出版社，2008.12

ISBN 978-7-80195-841-9

Ⅰ. 两… Ⅱ. 海… Ⅲ. 台湾问题－史料 Ⅳ. D618

中国版本图书馆CIP数据核字（2008）第184407号

两岸关系新里程——海协与海基会复谈纪实

作　　者	海峡两岸出版交流中心　编
出版发行	九州出版社
出 版 人	徐尚定
地　　址	北京市西城区阜外大街甲35号（100037）
发行电话	(010)68992190/2/3/5/6
网　　址	www.jiuzhoupress.com
电子信箱	jiuzhou@jiuzhoupress.com
印　　刷	北京捷迅佳彩印刷有限公司
开　　本	787 × 1092毫米　16开
印　　张	11.75
字　　数	156千
版　　次	2008年12月第1版
印　　次	2008年12月第1次印刷
书　　号	ISBN 978-7-80195-841-9 / D · 196
定　　价	48.00元

目　　录

重启两会商谈

北京商谈

台北商谈

会谈议题及成果

各方评论

重启两会商谈

胡锦涛：
在新形势下继续促进恢复两岸商谈

中共中央总书记胡锦涛4月12日在博鳌会见了萧万长先生率领的台湾两岸共同市场基金会代表团一行，就两岸经济交流合作问题交换意见。胡锦涛强调，当前，两岸经济交流合作面临着重要的历史性机遇，需要双方共同努力，大力推进。在新的形势下，我们将继续推动两岸经济文化等

□ 4月12日下午，胡锦涛在海南省博鳌会见出席博鳌亚洲论坛2008年会的两岸共同市场基金会董事长萧万长。

各领域交流合作，继续推动两岸周末包机和大陆居民赴台旅游的磋商，继续关心台湾同胞福祉并切实维护台湾同胞的正当权益，继续促进恢复两岸协商谈判。

会见中，胡锦涛首先对萧万长先生一行前来出席博鳌亚洲论坛2008年年会表示欢迎，并表示，众多的海内外各界人士出席本次论坛年会，从一个侧面反映了亚洲各国各地区加强交流、促进合作、寻求共赢的强烈愿望，也给我们在新形势下深入思考两岸经济交流合作提供了重要启示。

萧万长说，他自2003年以来每年都率团出席博鳌亚洲论坛年会，受益良多。萧万长表示，两岸经济密不可分。长期以来，两岸经贸关系发展一直发挥着稳定两岸关系的正面作用。两岸经济交流与合作克服了种种不利因素取得进展，得来不易。现在是一个新的开始。希望尽快启动两岸周末包机，并实现大陆居民来台湾旅游。希望能尽快恢复两岸协商，以利交流与合作。实现两岸直航和经贸关系正常化是必走的路，而且代表着海峡两岸人民近60年来首次实现全面开放性交流，具有长远的意义。政策要开放，态度要务实，步伐要稳健，两岸经济交流与合作才能走得顺，也才能为两岸人民创造更大的利益。希望能正视现实、开创未来，搁置争议，追求双赢，为两岸关系开创互信、互谅、互助、互利的新时代。

在认真听取了萧万长先生的意见后，胡锦涛表示，早在30年前，我们就主张开展两岸经济交流合作。自上个世纪80年代两岸同胞隔绝状态被打破以来，经过20年的发展，两岸经济交流合作取得了显著成就，形成了互惠互利的良好发展局面。事实充分证明，开展两岸经济交流合作，是两岸关系发展中最有活力的因素，是增进两岸同胞福祉、扩大两岸共同利益的有效途径。

胡锦涛指出，近八年来，由于众所周知的原因，两岸关系屡屡出现波折，两岸经济交流合作也因此受到严重干扰。这种局面是两岸同胞都不愿看到的。在当今世界经济竞争更为激烈的形势下，两岸同胞应该抓住难得机遇、共同应对挑战、切实加强合作、努力共创双赢。

胡锦涛强调，实现两岸关系和平发展，是两岸同胞的共同愿望所系、共同利益所在。当前两岸关系正朝着和平稳定的方向发展，两岸同胞加强两岸交流合作的愿望进一步增强。这是人心所向、大势所趋。两岸同胞是一家人，是血脉相连的命运共同体，两岸关系的前途应该掌握在两岸同胞自己手中。我们推动两岸关系和平发展的信念不会动摇。希望两岸同胞携手努力，共同开创两岸关系和平发展新局面。

会见结束时，胡锦涛请萧万长先生代为转达对马英九、吴伯雄、连战等人的问候。

中共中央书记处书记、中央办公厅主任令计划，中共中央书记处书记、中央政策研究室主任王沪宁，中共中央台湾工作办公室、国务院台湾事务办公室主任陈云林，中共海南省委书记卫留成，中共中央总书记办公室主任陈世炬等参加了会见。

胡锦涛会见江丙坤一行

中共中央总书记胡锦涛6月13日下午在钓鱼台国宾馆会见了台湾海基会董事长江丙坤和海基会代表团成员。胡锦涛指出，海协会和海基会在“九二共识”的共同政治基础上恢复商谈并取得实际成果，标志着新形势下两岸关系改善和发展有了一个良好开端，表明两岸双方有智慧、有能力通过协商谈判解决有关问题，造福两岸同胞。只要双方秉持建立互信、搁置争议、求同存异、共创双赢的精神，就一定能够不断推动两岸商谈进程，不断取得更多积极成果。

胡锦涛指出，这次江丙坤董事长率海基会代表团来到北京，同海协会进行会谈，是两会商谈中断九年之后举行的首次会谈，是两岸关系发展进程中的一件大事。两会经过协商，就两岸周末包机、大陆居民赴台旅游签署了两项协议。这两项协议的实施，有利于增进两岸同胞往来和交流，有利于推动两岸直接“三通”，有利于扩大两岸互利合作。

胡锦涛强调，展望当前世界形势，中华民族发展正面临着难得的历史机遇，两岸关系发展也正面临着难得的历史机遇。今天，两岸比以往任何时候都更有条件携手合作、共同发展。协商谈判是实现两岸关系和平发展的必由之路。世界上不同国家、不同民族尚且能够通过协商谈判化解矛盾、解决争端、开展合作，两岸同胞是一家人，更应该这样做，而且应该做得更好。我们应该紧紧抓住和切实用好两岸关系发展面临的难得历史机遇，珍惜和维护两会交往商谈的政治基础，积极务实地解决存在问题，努

力开创两岸关系和平发展新局面，共同为实现中华民族伟大复兴而奋斗。

□ 6月13日下午，胡锦涛在北京钓鱼台国宾馆会见江丙坤一行。

胡锦涛强调，建立互信、搁置争议、求同存异、共创双赢的主张已经得到了两岸双方的认同，我们应该把这一精神贯彻于两会商谈之中。希望两会今后在商谈中做到平等协商、善意沟通、积累共识、务实进取。平等协商，就是在商谈中双方要平等相待，不把自己的意志强加于对方。善意沟通，就是在商谈中要充分考虑对方的实际情况，多从善意的角度理解对方的想法，消除不必要的疑虑。积累共识，就是要不断扩大共识、缩小分歧，这样才能取得更多更大的成果。务实进取，就是要实事求是地寻求双方都能接受的解决办法，真正解决问题，做到行稳致远。

胡锦涛指出，两岸双方要商谈解决的问题还很多，需要两会承担的任务还很繁重。希望两会就今后商谈的议题和步骤作出合理规划，以利推进两岸制度化协商。希望两会协助有关方面促进两岸同胞交往，帮助解决交往中遇到的问题，服务两岸同胞。希望两会为推动两岸关系和平发展作出贡献。

江丙坤说，台湾政治形势发生变化，有必要根据1992年达成的共识，尽快恢复协商。两会为此互致函电，构成了恢复商谈的基础。两会恢复协商并就两岸周末包机和大陆居民赴台旅游两项议题达成协议，为两岸交流写下了历史新页。两岸人民同属中华民族，相信通过两岸双方共同努力，两岸关系必然可以重新出发，步入合作双赢的良性循环。两岸经济要持续发展，今后应推动两岸经济整合，实现互补双赢的目标。

中共中央台办、国务院台办主任王毅，海峡两岸关系协会会长陈云林等参加了会见。

贾庆林：两会商谈要循序渐进 先易后难 先经济后政治

6月3日上午，海峡两岸关系协会第二届理事会第一次会议在北京人民大会堂隆重召开。贾庆林表示，海协会新一届理事会要坚持在“九二共识”基础上与海基会进行商谈，秉持“建立互信、搁置争议、求同存异、共创双赢”的精神，先易后难，先经济后政治，循序渐进，务实解决两岸同胞关心的问题，推动两岸协商谈判不断取得进展。

会议开始前，中共中央政治局常委、全国政协主席贾庆林亲切会见了全体代表并发表重要讲话。贾庆林代表党中央、国务院对海协会第二届理事会第一次会议的召开表示热烈祝贺，对海协会以往在推动两岸关系发展中发挥的积极作用给予高度肯定，对即将产生的海协会第二届理事会的工作给予热情勉励。

贾庆林指出，通过协商谈判推动两岸关系发展和祖国和平统一进程，是我们党和政府一贯的方针政策。今年3月下旬以来，台湾局势发生积极变化，“台独”势力及其分裂活动遭到沉重打击，两岸关系发展面临多年来难得的历史机遇，两岸同胞比以往更热切地期盼两岸关系改善与发展。恢复两岸协商谈判并取得实际成果，是当前两岸关系改善和发展的重要标志。

贾庆林表示，海协会新一届理事会承担着新形势下推动两岸关系和平发展的重要任务，要坚持在“九二共识”基础上与海基会进行商谈，秉持

“建立互信、搁置争议、求同存异、共创双赢”的精神，先易后难，先经济后政治，循序渐进，务实解决两岸同胞关心的问题，推动两岸协商谈判不断取得进展，在两岸关系发展中发挥积极作用。

贾庆林希望海协会按照党的十七大关于对台工作的总体要求，坚定不移地贯彻中央对台工作的大政方针，遵循建会宗旨，认真履行职能，在中央的领导下，在各有关方面的支持配合下，同心协力，为开创两岸关系和平发展新局面作出重要贡献。

这次会议是在台湾局势发生积极变化、两岸关系发展呈现良好势头的新形势下召开的。会议总结了海协会近年工作、进行了理事换届、产生了新的领导机构、规划了未来任务。

戴秉国：希望两会尽快就两岸周末包机和大陆居民赴台旅游问题签署协议

6月3日，海峡两岸关系协会第二届理事会第一次会议在人民大会堂召开。国务委员戴秉国在会议上讲话时指出，希望海协会与海基会复谈后，优先协商解决两岸周末包机和大陆居民赴台旅游问题，争取尽快签署协议，尽早实施。

戴秉国指出，这次会议对于尽快恢复海协会与海基会的交往与商谈、努力开创两岸关系和平发展新局面具有重要意义。

戴秉国说，我们应当紧紧抓住两岸关系发展面临的难得历史机遇，努力开创两岸关系和平发展的新局面。两岸协商谈判的进展，历来是两岸关系发展水平的重要标志。当前，海协会与海基会均已表示在“九二共识”的基础上恢复联系往来和协商谈判。希望海协会与海基会复谈后，优先协商解决两岸同胞期待已久的两岸周末包机和大陆居民赴台旅游问题，争取尽快签署协议，尽早实施，以满足两岸同胞的迫切愿望。

戴秉国表示，在今后的两岸协商谈判中，双方要维护“九二共识”这一两岸协商谈判的政治基础，搁置一时不易解决的问题，先解决可以解决的问题，以利推动两岸关系取得实际进展，最终在两岸关系发展的过程中创造条件，寻求解决两岸关系中历史遗留问题和可能遇到的新问题的办法，还要努力解决两岸同胞交往中遇到的实际问题，保持两岸关系和平发展的势头。

王毅：海协会要与海基会就协商议题和步骤作出规划

海峡两岸关系协会第二届理事会第一次会议6月3日在北京人民大会堂举行。这次会议是在台湾局势发生积极变化、两岸关系发展呈现良好势头的新形势下召开的。会议总结了海协会近年工作、进行了理事换届、产生了新的领导机构、规划了未来任务。

刚刚履新的中共中央台湾工作办公室、国务院台湾事务办公室主任王毅出席会议并讲话。

王毅充分肯定了海协会十年来取得的工作成绩，希望海协会在新形势下承担起推进两岸协商谈判进程的重要使命。今后海协会要根据两岸关系形势发展和对台工作需要，与海基会就今后协商议题和步骤做出规划，努力解决两岸同胞关心的问题，推动两岸人员往来和经济文化交流，推动两岸全面直接双向“三通”进程；在建立互信、搁置争议、求同存异、共创双赢的过程中，积极创造条件，寻求解决两岸关系和平发展中遇到的问题，为构建两岸关系和平发展框架而努力。中共中央台办、国务院台办将一如既往地支持海协会的工作，保障海协会职能的顺利履行。

王毅：海协会领导人应邀访问台湾是两会制度化协商的新起点

海峡两岸关系协会会长陈云林11月3日上午率海协会协商代表团乘机离京赴台，中台办、国台办主任王毅前往机场送行。王毅在对记者发表讲话时表示，这是两会制度化协商的一个新起点。

王毅说，4个月前，也是在北京首都机场，我们为首次乘坐两岸周末包机赴台的大陆游客送行，那是两岸同胞交往的一个新起点。4个月后的

□ 11月3日，王毅在北京首都国际机场为海协会代表团送行时发表讲话。

今天，我们又在这里为首次赴台的海协会会长及其代表团送行，这是两会制度化协商的一个新起点。海协会已经成立17年了，今天，海协会领导人终于可以应邀访台，这是两岸关系向前发展的一个重要标志，也是载入两岸关系史册的一件大事。他代表中台办、国台办对所有关心、支持并为此作出宝贵努力的两岸各界朋友们表示感谢，也预祝陈云林会长及海协会协商代表团此次赴台商谈安全、顺利并成功。

他说，两会恢复协商的时间并不长，但已取得不少积极成果。当然，也有某些领域的交流由于各方面原因还不尽如人意，大陆方面愿随时听取和尊重各界意见，与台湾朋友们一道，不断改进、完善和加强两会协商进程。只要方向正确，只要符合两岸同胞的共同愿望，两会协商将在制度化的轨道上不断为两岸同胞谋得更多、更实实在在的利益。

王毅强调，两会协商就是为两岸同胞办好事、办实事。两会平等协商，共创双赢，不存在谁让步的问题；双方携手合作，互蒙其利，也不存在谁吃亏的问题。

王毅说，两岸关系的坚冰已经打破，道路已经开通。当然，在前进的道路上还存在不少需要解决的问题，面临不少复杂的因素。但在双方共同努力下，两岸关系正在步入和平发展的轨道，开始呈现良性互动的态势，这一局面来之不易，值得我们珍惜、维护和发展。中台办和国台办将秉承"建立互信、搁置争议、求同存异、共创双赢"的精神，与台湾各界朋友一道，积极稳妥地解决好当前及今后可能出现的各种问题，不断巩固和促进两岸关系改善和发展的势头。尽全力为两岸同胞谋福祉，为台海地区谋和平，不断开创两岸关系和平发展的新局面，坚定维护中华民族的根本和长远利益。

王毅：海协赴台商谈
是开拓、合作、和平之旅

由陈云林会长率领的海协会协商代表团结束访台行程后11月7日乘机返抵北京。中台办、国台办主任王毅前往机场迎接。王毅表示，海协会协商代表团此次赴台商谈，为两岸关系书写了新的历史，是一次开拓之旅、合作之旅、和平之旅。

王毅说，陈会长和代表团全体成员不辱使命，不负重托，很好地完成了这次历史性的两会商谈任务。他代表中共中央台办和国务院台办欢迎大

□ 11月7日，王毅在首都机场迎接海协会代表团一行返京时发表谈话。

家平安归来，感谢大家为商谈付出的辛劳，祝贺访问取得了重要成果。

他表示，海协会代表团此次赴台商谈，为两岸关系书写了新的历史。这是一次开拓之旅。海协会会长首次访台，两岸首次在台北举行正式商谈，陈云林会长和代表团首次在岛内广泛接触各界人士。这些进展使两会从此进入制度化协商轨道，推动两岸关系又向前迈出了重要一步。

他说，这是一次合作之旅。海协会秉承平等协商、互利双赢的精神，与海基会签署了四项重要协议并举行了一系列有益的交流活动。这些成果为两岸同胞带来了实实在在的利益，为两岸关系和平发展提供了重要动力，也为两岸各界增进相互了解构建了新的平台。

他说，这是一次和平之旅。陈会长和海协会代表团是为寻求和平而去。带去的是大陆同胞对台湾同胞的亲切问候，表达的是大陆各界愿意与台湾加强友好交流的美好心愿，展示的是我们期待两岸关系和平发展的最大诚意。

他说，当前，两会制度化协商已经站在一个新的出发点上，两岸关系的发展也呈现出前所未有的光明前景。为两岸同胞谋福祉，为台海地区谋和平，携手迎接中华民族的伟大复兴，符合两岸同胞的共同愿望，符合历史潮流的前进方向。当然，我们知道前进的道路并不平坦，也知道这一使命的光荣与艰辛。但两岸同胞血脉相连，谁也无法改变；两岸同胞亲情相通，谁也无法割断；两岸同胞渴望交流的心愿，谁也无法阻挡；两岸关系迈向和平发展的势头，谁也无法逆转。中台办、国台办将认真贯彻中央确定的对台大政方针，继续支持海协会履行应尽的职责，与两岸各界有识之士一道，共同为开创两岸关系和平发展新局面作出不懈努力。

陈云林：两岸关系和平发展的道路会越走越宽广

海协会会长陈云林率领的海协会协商代表团11月7日下午返回北京。陈云林会长在机场发表讲话时表示，此次台湾之行开启了两会制度化协商的新里程，标志着两岸关系发展走出了重要的一步，两岸关系和平发展的道路会越走越宽广。

陈云林会长说，我这次率海协会协商代表团到台湾去进行两会商谈，肩负着两岸同胞的期待。我们临行的时候，中央领导同志嘱咐我们，你们全团同志这次去，责任重大，使命光荣。我们牢记中央领导同志的要求，经过全团同志的努力，完成了任务，取得了积极的重要成果。这次访问之所以能够获得成功，是中央正确决策的结果，是中央台办、国台办指导的结果，是两岸同胞对我们支持、理解的结果。在这里，我代表全团同志，对中央领导同志的关心和爱护，对中央台办和国台办的支持和指导，对两岸同胞对我们的理解和帮助，表示衷心感谢。

陈云林会长指出，我们这次在台湾确实遇到了一些干扰，但是我们更多地受到大多数台湾同胞的热烈欢迎和热情鼓励，对两会协商的真心支持，对两岸关系和平发展的热切期盼。我们更加相信，随着两会商谈不断取得成果，随着两岸关系持续改善和发展，会使更多的台湾同胞亲身体会到这对他们是有利的事情，会有越来越多的台湾同胞支持、理解我们，投身到促进两岸关系和平发展的大潮中来。我们更加坚信，两岸关系和平发

□ 11月7日，陈云林在北京首都机场贵宾室向媒体谈及两会台北会谈成果。

展的道路会越走越宽广，这是任何干扰破坏都不能阻挡的。

陈云林会长还指出，我这次率团访问台湾，是海协会领导人首次访问台湾，是海协会与海基会首次在台湾举行两会领导人会谈，也是海协会领导人首次与台湾当局领导人会面。此行开启了两会制度化协商的新里程，标志着两岸关系发展走出了重要的一步。

陈云林会长最后表示，今后，海协会将继续秉持宗旨，努力地为两岸同胞服务，持续推动两岸制度化协商，为开创两岸关系和平发展新局面作出自己的贡献。

陈云林访台前夕接受台媒专访
期许两岸关系迈入新境界

海峡两岸关系协会会长陈云林11月3日将率海协会协商代表团访问台湾。他10月30日在此间接受台湾媒体联合采访时表示，这次他率团赴台湾访问，是两会领导人首次在台湾举行会谈，是两会制度化协商进程中新里程的开始，也是两岸关系发展中的重要一步。

在谈到此次访台的意义时，陈云林表示，不断通过协商解决问题，是两岸关系和平发展的内在要求，也是两岸关系发展的重要内容。这次两会在台北举行会谈，将成为两岸关系继续改善和发展的重要标志。协商进程的持续、成果的累积，将扩大两岸交往，增进双方互信，推动两岸关系和平发展迈入新的境界。相信两会制度化协商顺利进行会得到越来越多的台湾民众理解和支持。

陈云林说，此次率团访问台湾，是两会6月份约定的事情，属于两会制度化协商。此行主要有两项任务：第一，也是最主要的任务，就是与海基会董事长江丙坤进行会谈，协商两岸海运直航、空运直航、邮政合作、食品安全等议题，签署协议；并就如何增加大陆居民赴台旅游人数、两会下轮协商议题安排、加强两会联系与交流等问题交换意见、做出规划。第二，就两岸合作应对当前国际金融危机冲击、共度时艰交换看法、研拟办法，并为两会下轮商谈金融合作等议题预作准备。

陈云林表示，希望通过这次两会协商并签署协议，能够更加有利于促进两岸经济合作、便利两岸同胞往来，增进两岸同胞切身利益。建立两岸空中直达航路，增加包机班次与航点，将使两岸民众往来两岸更为便利，并将大大降低两岸民众往来和空中货物运输的时间与金钱成本；开放两岸海运直航，对两岸经济将有重要的积极影响；扩大两岸邮政业务范围，将使两岸民众和企业享受到更好的邮递服务，联系会更加方便；建立两岸食品安全协处机制，可以维护消费者权益，维护两岸贸易健康发展。

他还表示，此时应邀赴台访问，既是基于两岸关系发展的现实迫切性，又考虑到两岸关系长远发展的必要性。两会协商中断长达9年之久，失去了许多宝贵的时间，积累了很多需要协商解决的问题。如果协商制度不能落实，协商进程不能持续，损害的是两岸同胞的利益。做对两岸关系发展有利的事情，做对台湾同胞有益的事情，我们没有任何理由拖延。

陈云林说，此次赴台湾访问也是为了完成汪道涵、辜振甫两位老先生未了之夙愿。如果二老九泉有知，当对两会商谈的进展和两岸关系的发展感到欣慰。

“我对台湾这片热土和自己的同胞抱有美好的感情！”陈云林还深情地谈起即将首次赴台湾访问的心情，“就要踏上这片可爱的土地，实现多年的期待和夙愿，心情自然十分激动。”

北京商谈

王毅会见江丙坤一行

中共中央台办、国务院台办主任王毅6月12日下午在钓鱼台国宾馆会见了台湾海基会董事长江丙坤和海基会代表团主要成员。

王毅指出，海协会与海基会在“九二共识”基础上恢复商谈，标志着两岸关系朝和平发展方向迈出了新的一步。两会通过平等协商就两岸周末包机以及大陆居民赴台旅游达成共识，为两岸同胞办了两件实实在在的好事。

他说，两岸关系重现光明来之不易，值得我们倍加珍惜和维护。不久

□ 6月12日下午，王毅在钓鱼台国宾馆会见江丙坤一行。

前，胡锦涛总书记就新形势下实现两岸关系和平发展，提出“建立互信、搁置争议、求同存异、共创双赢”的重要主张，寓意深刻，内涵丰富，高度概括了两岸之间的共识。其中，建立互信是首要。而建立互信的根本基础是反对“台独”、坚持“九二共识”。

王毅说，两会商谈得以恢复来之不易，需要我们不断向前推进。进一步加强两岸交流合作是民心所向，大势所趋，利益所至。随着两岸关系走向和平发展，两岸交流合作有望呈现宽领域和多层次的蓬勃发展局面。两会商谈的工作任重道远，大有可为。

他说，中华民族复兴机遇来之不易，期待两岸同胞携手并进。两岸同胞都是炎黄子孙，同属中华民族。抓住难得机遇，实现民族复兴，是全体中华儿女的共同期盼。希望我们每一个人都能承担起自己的历史责任，履行好自己的历史使命，积极投身到这一历史进程中去。

江丙坤表示同意王毅提出的意见。他说，过去九年，种种原因造成两岸协商中断，今天两会商谈得以恢复，我们的确格外珍惜。这是两岸两会在21世纪的第一次商谈，意义重大。两岸周末包机和大陆居民赴台旅游这两件事情得到落实，不仅可以为两岸民众往来提供更多便利，而且可以促进台湾经济发展。

江丙坤表示，赞同胡总书记提出的十六字重要主张。他说，两岸一家亲，两岸人民同属中华民族。我们将持续推动两岸协商进程，希望通过两岸共同努力，让两岸经贸关系正常化，推动两岸实现良性互动，为两岸和平共荣作出贡献。

王毅最后表示，中共中央台办、国务院台办将全力支持海协会的工作，积极协调大陆有关部门，为两会的联系交往、协商谈判创造有利条件，为海协会履行职责提供必要保障。祝愿海协会和海基会今后为两岸关系和平发展不断作出重要贡献。

陈云林与江丙坤举行会谈

应海峡两岸关系协会邀请，海峡交流基金会董事长江丙坤率海基会协商代表团于6月11日至14日访问北京。6月12日上午，海协会会长陈云林与海基会董事长江丙坤举行了会谈。双方就尽快解决两岸周末包机和大陆居民赴台旅游两项议题交换了意见，并就推进两会协商、加强两会联系交往等事宜进行了讨论。这是两会领导人十年来的首次会谈，标志着中断九年的两会制度化协商正式恢复。

陈云林首先代表海协会对海基会代表团的来访表示热烈欢迎；并对台湾社会各界在汶川特大地震发生后，以各种方式给予灾区同胞的深切关怀和无私援助，再次表示衷心感谢。

江丙坤对四川震灾表示关怀之意。他表示，四川汶川发生大地震后，台湾各界高度重视，予以关切，踊跃捐输。希望两会为赈灾提供更多实质性协助工作。

陈云林指出，今年3月台湾局势发生积极变化后，根据海基会于5月26日、海协会于5月29日互致的函电，在两岸同胞的热切期待中，中断近十年的海协会与海基会协商正式恢复了。两岸协商谈判能否顺利进行，是两岸关系是否改善与发展的重要标志。两岸关系经历过漫长的蹉跎岁月，两岸经济、文化、社会等方面交流需要解决的问题很多。两会恢复协商后，承担着繁重的任务，肩负着重要的责任。中华民族以追求和谐为理想价值。新形势下两会协商，应该牢牢把握两岸关系和平发展的方向，海协会愿意秉持“建立互信、搁置争议、求同存异、共创双赢”的精神，与海基会平等协商，积极沟通，扩大共识，务实解决两岸同胞关心的各种问题。我们相信，有两岸同胞追求两岸关系和平发展的共同愿景作动力，两会协商一定能够成为新形势下推动两岸关系改善发展的重要平台，为开创两岸关系和平发展新局面发挥重要推动作用。

江丙坤表示，不久前，海基、海协两会完成改组，双方5月26日、29日函电往来，为两岸恢复协商建立了基础。他表示，乐见两会正常互动的恢复，希望两会发挥协商、交流与服务的桥梁与管道功能，为两岸人民福祉多作贡献，为两岸关系的和平、稳定，奠定基础。

陈云林说，开办两岸周末包机、实现大陆居民赴台旅游，顺应了两岸同胞要求加强交流合作的共同愿望，对于带动两岸经济发展和社会繁荣、密切两岸同胞交往、增进两岸同胞福祉意义重大。面对两岸周末包机、大陆居民赴台旅游即将实现的难得机遇，两会有责任把好事办成、办好。同时，着眼于下一步的需要，把货运包机、开通两岸直达航路的协商安排好，把互设业务办事机构的事情落实好。在两岸交流发展的大趋势下，两岸包机直航、大陆居民赴台旅游，将是一个不断开放、扩大、完善的过程。我们希望两会恢复协商的第一步能够顺利迈出，双方能尽快达成一致意见，签署协议，从而取得1993年汪辜会谈后两岸协商谈判的重要成果，回报两岸同胞的期待，续写两岸协商谈判的历史新页。

江丙坤表示，希望两岸周末包机、大陆居民赴台旅游两项议题的协商取得成果，并签署协议，早日推动，以促进两岸交流，增进两岸人民往来。

会谈中，陈云林就继续推进海协会与海基会的协商、加强两会的联系交往事宜提出三点意见和建议。

一、加强两会协商，本着先经济后政治、先易后难、循序渐进的精神，务实规划近期协商议题和步骤。

二、加强两会交流，打造两岸受权民间团体推动两岸交流的平台。海协会与海基会都负有推动两岸民间交流的职责。两会应加强各层级会务人员互访，开展多层次的经济、文化、社会交流活动，包括根据两岸关系发展需要，邀集两岸社会各界人士举办研讨活动。两会还可考虑组织海协会理事和海基会董事、监事进行互访。特别是可以考虑邀请两岸主管部门人士以两会名义进行交流，就解决两岸交流中的政策性问题交换意见，以利双方各自或共同采取措施，推动两岸人员往来和经济文化交流迈向新层次、新水平。

三、恢复两会日常联系，相互委托，协助有关方面妥善解决两岸同胞交往中遇到的具体问题，服务两岸同胞。恢复两会紧急联系人制度，及时有效地处理涉及两岸同胞生命财产安全的突发事件，维护两岸同胞正当权益。

江丙坤表示，应加强两会各层级人员对话与交流，恢复指定紧急事故联系人员及联系方法，针对紧急事件或突发状况，立即相互通报。同意两会人员经常性互访，积极促成两岸业务主管部门人员以两会名义互访。共同参与、推动两岸经贸与文化交流，研议和规划海基会董事、监事与海协会理事互访，两会建立更加及时顺畅的沟通管道与联系机制。

江丙坤提出两会年度内协商议题的建议，包括两岸货运包机、扩大客

□ 6月12日上午，陈云林与江丙坤在北京钓鱼台五号楼举行会谈。

运包机、两岸海运直航等。陈云林表示重视江丙坤对未来两岸协商议题的关注，会认真考虑海基会的意见；并希望双方共同努力，积极创造条件，根据两岸民众要求的轻重缓急和条件成熟的状况，就今后两会协商议题和步骤早日作出安排。

江丙坤邀请陈云林今年内率团到台湾访问，陈云林表示感谢并接受邀请。

两会就两项协商议题签署协议文本

海峡两岸关系协会会长陈云林与海峡交流基金会董事长江丙坤，6月13日上午9时，在北京钓鱼台宾馆就两岸周末包机与大陆居民赴台旅游事宜签署协议文本，标识着这两件“两岸同胞期待已久、十分关心的好事”即将成为现实。

应海协会邀请，海基会董事长江丙坤、副董事长兼秘书长高孔廉于6月11日至14日率团访问北京，就上述两项事宜进行商谈。

6月12日，海协会会长陈云林与海基会董事长江丙坤进行会谈，这是两会领导人十年来的首次会谈，标志着中断近十年的两会制度化协商正式恢复。

相关背景：

两岸包机

两岸客运包机始于2003年的台商春节包机，由于当时陈水扁当局的限制，首次两岸春节包机须中停港澳，只允许台湾航空业者单飞和单向载客，大陆航点仅上海一地。次年，由于陈水扁当局仍坚持不合理限制，春节包机未能实施。

2005年，两岸航空公司共同参与了第二次春节包机，航班实现双向对飞，不必降落港澳但须绕经香港飞行情报区，大陆航点新增北京、广州。2006年，春节包机搭乘对象由台商及眷属扩大至所有持合法有效证件往返两岸的台湾居民，大陆航点新增厦门。

2006年上半年，海峡两岸航空运输交流委员会与台北市航空运输商业同业公会达成共识并做出框架性安排，将春节包机扩大到春节、清明、端午、中秋四大传统节日。

大陆居民赴台旅游

早在2005年5月，大陆方面就宣布开放大陆居民赴台湾地区旅游。其后，大陆方面为此进行了很多切实努力。

相比之下，陈水扁当局迟至2006年10月才同意成立一个进行大陆居民赴台旅游技术性磋商的民间组织，并一直设置政治障碍，延宕磋商进程。

2006年10月以来，两岸旅游民间组织在澳门进行了多次技术性磋商，双方在诸多事宜上达成一致意见。但是，由于受到陈水扁当局的种种政治干扰，大陆居民赴台旅游一直未能实现。

马英九当选台湾地区领导人后，对开放大陆居民赴台旅游态度积极，提出在7月实现大陆居民赴台旅游的目标。

两会分别举行记者会

孙亚夫：续写两岸商谈历史新页

海协会执行副会长孙亚夫6月13日表示，陈云林会长与江丙坤董事长签署了有关会谈纪要与协议，是1993年“汪辜会谈”期间汪道涵会长与辜振甫董事长签署4项协议后，两会签署的第一批协议，是“汪辜会谈”后两岸协商谈判取得的重要成果，续写了两岸协商谈判新的历史一页。

孙亚夫是在两会领导人签署有关纪要和协议后举行的记者会上作上述表示的。他指出，这样的成果，是在当前两岸关系形势发生新的变化和面临难得的历史机遇下出现的。这种局面是两岸同胞共同努力的结果，包含着两岸各界许多人士的心血。在此向为此做出努力的两岸双方有关人士表示衷心感谢。

孙亚夫还说，开办两岸周末包机、实现大陆居民赴台旅游，是两岸同胞十分关心和期待的两件好事、大事。有关纪要和协议的签署和两个问题的解决，对于促进两岸同胞交往、推动两岸直航进程、增进两岸同胞福祉意义重大。

江丙坤：两会签署协议意义重大

海基会董事长江丙坤在6月13日签字仪式结束后举行的记者会上表示，两会领导人签署会谈纪要与协议，虽然所用时间很短，但是他感到很高兴，也觉得责任重大。他说，两会自“汪辜会谈”后，相隔15年，终于在新世纪再次签署协议，意义相当重大。

江丙坤表示，对于两会将来后续协商的议题，他在这次与海协会领导人接触中多有提及，包括两岸周末包机变成定期包机、两岸海运直航、两岸共同在台湾海峡进行油气资源勘探等，都得到了海协会领导人原则上的同意与重视。但是将来对于这些议题的协商，海基会仍须等到台湾当局有关主管部门授权后，方可进行。

江丙坤：我们都在写历史

海峡交流基金会董事长江丙坤，副董事长兼秘书长高孔廉6月10日举行赴北京会谈的行前记者会。

行前记者会在海基会17楼第一会议室举行。高孔廉宣布了会谈代表团此行的行程：

6月11日上午9时30分从台湾桃园机场乘澳门航空的飞机出发；经澳门、约下午3时10分抵达北京；稍事休息后，当天晚上出席海协会举办的接风晚宴。夜宿金融街洲际酒店。

6月12日上午9时30分，江丙坤与海协会长陈云林会见。随后举行正式协商，上午谈包机议题，下午谈观光议题。江丙坤不参加具体协商，他将到京郊香山碧云寺拜祭孙中山衣冠冢。

6月13日上午，江丙坤与陈云林将就两岸周末包机与陆客赴台签署协议。协议签署之后，海基会将回下榻的洲际饭店召开中外记者会。晚间6时，海基会举办答谢宴会。

6月14日海基会代表团一行离京返回台湾。

海协会与海基会的会谈都在北京钓鱼台宾馆进行。

江丙坤表示，他希望有机会参观北京奥运设施；他将当面邀请陈云林会长在方便的时候到台湾访问；他将让大家了解在大陆访问、协商的真实成果。

江丙坤说，此次海基、海协两会进行商谈的有关议题只是个开端。未来只要是有助两岸和平、繁荣与发展的议题，我们都不排除与大陆进行协商，这些议题还包括货运包机、海运直航、扩大“小三通”、共同防治犯罪、开放台湾金融业登陆等。

江丙坤说，中国大陆的崛起，是必须正视的事实。我们要以更大的智慧、更宽的视野和更大的耐性重启两岸制度化协商。本次协商就两岸两会的互动而言，是强化两会对话交流，恢复制度化协商管道的开始，也展现了台湾新当局改善两岸关系的决心与具体的作为。

江丙坤在记者会上特别强调了6月9日马英九会见他时所讲的话：我们这次还是依据相同的基础——“九二共识”来恢复协商，双方都同意用这样的共识来进行，如此就不会有其他的争议，这也是“搁置争议、求同存异”非常重要的意义。能够这样的往下发展下去，相信两岸关系会有非常正面的结果。

江丙坤说：“明天，我们开始进行的是一项举世瞩目的活动，大家都在写历史。”

海基会代表团启程赴北京

海峡交流基金会董事长江丙坤率领海基会代表团6月11日上午由台北桃园机场启程，赴北京与海峡两岸关系协会进行两会恢复接触后的首次商谈。

江丙坤在出发前表示，深感此行责任重大，一定全力以赴，不负期待，书写历史新页，希望两会协商能推动两岸共创双赢，使两岸人民有更好的

□ 6月11日下午，江丙坤一行抵达北京首都机场，海协会常务副会长郑立中到机场迎接。

生活。

他说，此次为期四天的行程是一个“新的开始”，他定位为两岸“互信协商之旅”，目的是要让两岸和平共荣，因为两岸关系不只影响两岸经贸交流和台湾的经济发展，对亚太地区的安定和国际局势的稳定有很重要的意义。

江丙坤表示，这次协商后两会“当然会陆续有第二次、第三次的协商”。

江丙坤一行预计在6月11日下午3时许抵达北京。

有争议一定要搁置　要存异求同

台湾海峡交流基金会董事长江丙坤6月11日晚间在此间洲际酒店接受媒体联合采访时表示，两会协商须稳定、理性，顺利解决问题，“有争议一定要搁置，要存异求同”。

江丙坤6月11日下午率海基会代表团抵达北京。在出席海协会于钓鱼台6号楼举办的接风晚宴后，他向守候在其下榻的洲际酒店的众多媒体，发表了抵京后的首次谈话。

江丙坤说，2005年3月30日，他第一次在北京钓鱼台与陈云林见面，是率领中国国民党“经贸之旅”访问团，与中台办进行工作会谈并达成十二项结论；其中大部分关系到两岸经贸交流，后来陆续推动。

今晚再次见到陈云林，彼此都担任新职。江丙坤感叹，三年多后，两人再次举行工作会议，会庆幸彼此相识，真是“人生安排无法预料”。

江丙坤表示，他与陈云林过去对于两岸交流就有许多共同想法。他认为，两会协商须稳定、理性，顺利解决问题，“有争议一定要搁置，要存异求同”。

他还介绍，在当晚接风宴会中，两会相互致赠颇富含义的礼品。

海协会赠送海基会福建德化窑礼品骨瓷“富贵红”，其中既包含大富大贵的传统含意，也隐含两岸同胞血脉相连、中华文化源远流长之意。

海基会赠送海协会台湾竹雕大师陈铭堂作品“晴空万里，鸢飞人乐”。作品取景台中大肚山农村景色，有儿童在其中放飞风筝，从容优雅。竹雕作品之上，还有题词“云清日明，乾坤调和。互信协商，共创双赢”。江丙坤介绍，前两句嵌入两会领导人名字，后两句则是海基会对今后各项协商的期望和共勉。

江丙坤拜谒孙中山先生衣冠冢

海峡交流基金会董事长江丙坤6月12日上午来到北京香山碧云寺，拜谒了孙中山先生衣冠冢，并参观了孙中山纪念堂。

上午11时许，江丙坤夫妇在海峡两岸关系协会会长陈云林、副会长王在希的陪同下，来到位于碧云寺内的孙中山纪念堂，江丙坤向孙中山先生坐像献花，全体人员肃立，并向孙中山先生坐像行三鞠躬礼。

江丙坤一行瞻仰了当年苏联政府赠送给孙中山先生的玻璃盖钢棺和汉白玉石刻碑《孙中山先生致苏联遗书》。在孙中山先生遗着《建国方略》遗墨展柜前，江丙坤认真听取工作人员讲解，并对遗墨凝视良久。

□ 6月12日，江丙坤一行抵达北京香山碧云寺拜谒孙中山衣冠冢。

随后，江丙坤一行拾级而上向孙中山先生衣冠冢攀登。中途，江丙坤向媒体表示，这是自己第二次来拜谒孙中山先生衣冠冢，每次到这里都会对中山先生的伟大无限感佩。他说，国民党在台湾重新“执政”后，一定会为“世界大同，天下为公”的伟大理想而继续努力，也希望两岸在中山先生的理想下共同推动两岸和平与交流，造福两岸民众。

江丙坤一行攀抵孙中山先生衣冠冢后，全体人员向孙中山先生衣冠冢鞠躬致敬。

碧云寺始建于元至顺二年，经明、清两代扩建而成现在的规模。孙中山纪念堂位于碧云寺中心，面阔五间，正门上方悬挂着红底金字木匾，上为宋庆龄手书“孙中山纪念堂”。孙中山先生衣冠冢位于纪念堂后方。

1998年，海基会已故前董事长辜振甫曾来此吊祭孙中山先生。2005年，江丙坤也曾来此拜谒。

希望两会将来有更多会谈

海基会董事长江丙坤6月12日晚间在海基会新闻吹风会上说，12日对于两会来说是十年以来最重要的一天。在与海协会会长陈云林先生的会谈中，谈到大熊猫赴台的问题。海基会愿意在回台后就此积极推动，协助解决。两会都很珍惜这次会谈，有决心使会谈成功，也希望将来有更多会谈。

他说，在6月12日上午他与海协会会长陈云林举行的会谈中，双方均希望就两岸周末包机和开放大陆居民赴台旅游事宜尽早达成共识，签署协议。双方也认为应尽速积极处理两岸货运包机及周末包机进一步增加班次、开放更多航点及建立新航路等事宜，并通过后续协商加以落实。

江丙坤说，双方在会谈中原则同意，建立两会领导人等高层间畅通的沟通管道和联系机制，并推动海基会董、监事和海协会理事互访。他还正式邀请陈云林在今年内回访台湾，再次举行两会领导人会谈。陈云林接受了邀请，双方同意由两会就此积极进行磋商安排。

江丙坤表示，他还于会谈中提议两会应尽速就两岸海运直航、大陆中海油公司与台湾“中油公司”在台湾海峡合作进行油气勘探、两岸共同打击犯罪、扩大“小三通”人货往来、推动两岸气候变迁和气象研究交流与合作等事宜进行商谈。陈云林表示重视上述提议，双方同意尽速规划近期两会协商的议题和进行步骤。

在吹风会上，江丙坤还表达了对原海基会董事长辜振甫的感念，表示愿意继承辜振甫先生遗志，为两岸人民的福祉而奋斗。

在6月13日下午接受中共中央总书记胡锦涛的会见后，海峡交流基金会董事长江丙坤在海基会吹风会上说，过去自己曾多次与胡总书记接触，了解他为人诚恳，因此在此次会见中也坦诚提出自己的感受。

在回答记者提问时，江丙坤表示，自己在19天前接任海基会董事长，现在通过很多人的共同努力，两会能就两岸都关心的一些议题达成协议，内心感到相当欣慰。

回顾此次两会商谈，江丙坤说，从11日来到北京后，短短三天时间内，的确非常忙碌，也深感责任重大，但是此刻心情如释重负。将来需要两会协商的议题还有很多，“会继续努力”。

海基会代表团一行离京返台

由台湾海峡交流基金会董事长江丙坤、副董事长兼秘书长高孔廉率领的海基会代表团，6月14日上午10时许，在北京首都机场搭乘澳门航空公司“太湖”号班机离京返台。

早上，海峡两岸关系协会会长陈云林前往江丙坤一行下榻的北京洲际酒店，为海基会代表团送行。海峡两岸关系协会常务副会长郑立中、驻会副会长李炳才以及副会长王富卿、王在希、安民，和秘书长李亚飞到机场送行。

江丙坤一行是应海峡两岸关系协会邀请于6月11日至14日，率团来北京就两岸周末包机、大陆居民赴台旅游两项议题进行协商的。经过两会协商，陈云林与江丙坤于13日在北京钓鱼台宾馆签署了《海峡两岸包机会谈纪要》、《海峡两岸关于大陆居民赴台湾旅游协议》，从而实现了两岸交流的重要突破。

海基会协商代表团活动日程

6月12日

陈云林与江丙坤举行会谈

时间：9：00

地点：钓鱼台国宾馆5号楼

两会协商两岸周末包机

时间：10：30

地点：钓鱼台国宾馆5号楼

江丙坤一行拜谒孙中山衣冠冢

时间：10：30

地点：香山碧云寺

两会协商大陆居民赴台湾旅游

时间：14：30

地点：钓鱼台国宾馆5号楼

江丙坤一行参观奥运会水立方、五棵松棒球场

时间：14：30

地点：水立方、五棵松棒球场

6月13日

协议签字仪式

时间：9：00

地点：钓鱼台国宾馆5号楼

6月14日

江丙坤一行离京返台

时间：9：50

地点：北京首都机场

台北商谈

陈云林一行抵达台北

海峡两岸关系协会会长陈云林率海协会协商代表团，于11月3日中午11时45分许乘国航包机抵达台北桃园机场。

陈云林在抵台后发表书面讲话时表示，以协商化解分歧、以合作取代对抗，两会互动，两岸双赢，一定能够获得广大台湾同胞的认同和支持。他期待两会共同走好这重要的一步，取得令人满意的成果。

陈云林一行随后下榻台北圆山饭店。根据预先安排，陈云林当天下午将拜会已故海基会董事长辜振甫遗孀辜严倬云女士。两会有关人员下午将

□ 11月3日中午，陈云林率海协会代表团抵达台湾桃园机场，图为陈云林与欢迎人群握手致意。

就相关协议举行预备性磋商。

陈云林夫人赖晓华同机抵台。台湾海峡交流基金会副董事长兼秘书长高孔廉等到机场迎接。

根据海协会与海基会此前达成的共识，陈云林一行于3日至7日访问台湾。两会将在台北举行第二次领导人会谈及工作性商谈，协商解决两岸海运直航、两岸货运包机、平日包机及建立空中直达双向新航路、两岸邮政合作、两岸食品安全等问题，争取达成一致意见，并签署协议。

陈云林拜会辜振甫遗孀辜严倬云

海峡两岸关系协会会长陈云林11月3日中午抵台后，当天下午即前往拜会原海峡交流基金会董事长辜振甫的遗孀辜严倬云。

辜严倬云表示，当年海协会会长汪道涵未能亲自来台，“是一个非常非常遗憾的事情”，今天陈云林访台弥补了这个遗憾，令她感到非常高兴。

她说，辜振甫先生生前最关心的就是两岸关系和平发展，和汪道涵对于两岸关系都有很深的期许，可惜事与愿违，两人1998年上海会晤后，两岸关系就一直迟滞不前。今天陈云林能顺利率团来台访问，显示两岸关系已经走出低潮，冬去春来已经不远了。这次两会要谈的都是两岸民众关切

□ 11月3日，陈云林前往台泥大楼拜会前海基会董事长辜振甫遗孀辜严倬云。

的议题，也都是有益于两岸人民福祉的事，相信以两岸、两会领导人的智慧，一定可以创造互利双赢的结果。

陈云林表示，抵台后第一时间来拜会辜严倬云，是感情使然、心情使然，也是广大大陆同胞希望我们这样做的。汪道涵、辜振甫两位前辈一生孜孜追求的，就是两岸同胞的相互了解、两岸之间的和平发展。两位老人虽然都已驾鹤西去，但两岸同胞将永远怀念他们。

他说，今天我们终于实现二老的愿望。他和海基会董事长江丙坤将继续汪、辜未竟的事业，努力把两岸和平发展的事情做下去，用此次台北会谈的成果来告慰两位老人。

辜严倬云女士是台湾妇女界的领袖，陈云林在拜会中转达了中华全国妇女联合会对她的问候与敬意，并邀请她再到大陆访问。

拜会结束后，双方互赠了礼物。海基会董事长江丙坤、海协会常务副会长郑立中等拜会时在座。

海基会设宴欢迎海协会协商代表团

台湾海基会11月3日晚在台北101大楼举行宴会，欢迎陈云林会长率领的海协会协商代表团。两会领导人在致辞中均表示，对将于11月4日举行的第二次“陈江会谈”充满信心。

海基会董事长江丙坤在致欢迎辞时说，两会负责人第一次在台北举行会谈，是历史性的一刻。相信未来透过制度化协商机制和两会成员的共同努力，一定能逐渐化解歧见，迈向两岸和平、经济双赢的新局。

陈云林说，历史给了我们一次难得的机遇，使得中断近10年的两会会谈于今年6月在北京恢复。我和江董事长都曾经表示过，既然已经坚定

□ 11月3日晚，海基会在台北101大楼宴请来访的海协会代表团一行。

地迈出第一步，而且认为是为两岸同胞谋福祉的路，就要坚定地走下去，继续迈出第二步、第三步……走出一条共谋两岸同胞福祉、共议和平发展的双赢之路，终生无悔。

他表示，此行也听到岛内一些反对的声音。做任何一件事情都会有不同的意见，但是为两岸同胞提供方便、创造福祉的事情，总有一天会得到反对者的认同。

101大楼是台北著名的地标建筑。大楼管理方为这场宴会进行了精心布置。一楼大堂悬挂对联“江山有情，丙火恒丰乾坤会；陈谷无偶，云水富泰儒林谈”，嵌入江丙坤与陈云林的姓名，引人注目。宴会厅布置以紫色和明黄色为主色调，缀以粉色花束。工作人员告诉记者，希望借此烘托出隆重而不失温馨的感觉。

两会人士、台湾工商界和台商代表共260余人出席了欢迎晚宴。

陈云林：两会台北协商肩负两岸同胞殷切希望

海协会会长陈云林11月3日抵达台北后在海基会举行的欢迎仪式上说，这次两会协商在台北举行，肩负着两岸同胞的殷切希望，这使我们感到责任重大，使命光荣。

陈云林首先对受到海基会董事长江丙坤和众多台湾乡亲的热情欢迎表示衷心感谢，并转达了大陆13亿人民对海峡彼岸2300万骨肉同胞的真诚祝福。

□ 11月3日，陈云林抵达台北致词时说，这是他第一次踏上台湾土地，能够如此近距离接触可敬的台湾乡亲，心情非常激动。

陈云林说，这次率团到台湾主要任务有两项：一是和海基会就两岸空中直航、海上直航、邮政合作、食品安全等四项议题进行协商并签署协议，二是就如何应对世界金融风暴给两岸经济带来的冲击交换意见。同时，将就如何尽快改进双方在旅游合作方面的一些措施，增加大陆居民赴台旅游人数，充分交换意见；就两岸金融议题以及明年两会要进行商讨的议题做出安排。

他指出，这次两会商谈的任务非常明确，也非常单纯，都是有利于两岸同胞的好事情，不涉及两岸政治问题，更不涉及岛内的任何政治议题。

陈云林说，这次两会商谈能在台北举行，来之不易，应当倍加珍惜。这是两岸制度化协商走出了新的里程，标志着两岸关系迈出了重要的历史性的一步。为了这一天的到来，两岸的朋友特别是很多的台湾朋友，奔波于两岸，付出了辛劳，付出了心力，作出了贡献。为了这一天的到来，汪道涵会长、辜振甫董事长两位前辈孜孜以求，不懈努力，几经相许，终未成愿。如今两位老人已乘鹤西去，但他们在九泉之下如果能知道今天这种场景，定会非常欣慰。

他说，两岸和平发展是两岸同胞的共同愿望，沟通才能增进互信，合作才能达成双赢，两岸同胞的福祉系于两岸的和平发展，两会协商是促进两岸和平发展的必由之路。

陈云林与江丙坤在台北举行会谈

海峡两岸关系协会会长陈云林11月4日上午与台湾海峡交流基金会董事长江丙坤在台北举行会谈。双方就两岸空运直航、海运直航、邮政合作、食品安全等议题进行了商谈，就继续促进大陆居民赴台湾旅游、合作应对国际金融危机、加强两岸经济交往开展了对话，并就下一阶段两会协商议题、加强会务联系、开展交流合作等事宜交换了意见。

□ 11月4日上午，陈云林与江丙坤在台北圆山饭店举行第二次"陈江会谈"。这是两会领导人首次在台湾举行会谈。

陈云林表示，两会领导人在台北举行会谈，是两会制度化协商的重大突破，也是两岸关系发展中的重要一步。

他指出，近半年多来，两岸双方都抓住难得的历史机遇，作出了各自的努力，推动两岸关系步入和平发展的轨道。海协会与海基会恢复商谈，两岸周末包机和大陆居民赴台旅游顺利实施，谱写了两岸交流合作的新篇章。双方各自采取措施加强两岸投资和贸易、扩大“小三通”的功能与作用，为促进两岸人员往来和经济合作提供了更多便利。两岸关系的改善与发展，受到两岸同胞和国际社会高度评价。

双方在解决两岸海运、空运、邮政、食品安全等问题方面取得重要共识，一致同意开通两岸海运直航，实现两岸海上客货直接运输；建立两岸空中双向直达新航路和两岸空管部门直接交接程序，开办两岸货运包机，增加客运包机航点、班次，将两岸周末包机扩大为平日包机；开办两岸直接平常和挂号函件、小包、包裹、特快专递、邮政汇兑等业务，加强其他邮政业务合作；相互通报涉及两岸食品贸易的食品安全信息，建立两岸重大食品安全协处机制。

陈云林指出，上述四项议题的解决，将使两岸同胞渴望了30年之久的两岸直接通航、通邮变为现实，为两岸人员往来和经济合作开辟便捷的路径，从而增进两岸人民福祉，带动两岸关系发展进入新的里程。

他特别指出，国际金融危机给两岸经济发展带来严峻的挑战，也使得两岸金融合作和经济合作显得更为重要、更为迫切。两岸人民是骨肉同胞，理应通过相互扶助，赢得持续发展。

陈云林提出，两会今后一个时期应重点协商推动建立两岸金融合作问题，协商推进两岸经济关系正常化、紧密化问题，以逐步构建两岸经济合作制度化框架。同时，两会也应积极协商加强文化交流、社会交流等议题。

双方讨论了促进大陆居民赴台湾旅游的具体措施。陈云林表示，两岸旅游发展需要两岸双方共同努力。大陆方面正在研究开放13个省市以外的大陆居民赴台旅游，并相应增加大陆组团社数量。台湾方面应解决简化申办手续、签注时效等问题。两岸业界应考虑共同解决大陆居民赴台旅游价格偏高、旅游团组最低人数的问题。目前一个赴台旅游团组不能少于10人。根据这一段的有关情况和经验，两岸旅游业者均认为应调整为不少于5人。海协会经商大陆有关方面，赞成这一意见。我们期待，采取这些措施，加之两会商谈达成空运协议后，增加航运、班次，实现了平日包机，将对大陆居民赴台旅游人数增加起到推动作用。

陈云林表示，一段时间以来，两会就互赠大熊猫、长鬃山羊、梅花鹿、珙桐树作出了努力，协调有关方面解决出入境、检疫检验手续和运输等问题，协助两岸专家开展技术交流、人员培训等活动。希望大陆同胞赠给台湾同胞的这一对大熊猫于年内运抵台湾，给广大台湾同胞特别是小朋友带来欢乐和吉祥。汶川特大地震灾区羌族同胞委托我此行将被成为“植物活化石”的珙桐树种转交海基会，希望能够把它们同灾区人民感恩的心一起种植在台湾的土地上。同时，接受台湾方面回赠的稀有动物长鬃山羊和梅花鹿，把台湾人民的情谊带回大陆。

双方还就两会明年协商议题规划、两会会务联系与交流等事宜交换了意见。初步商定两会下轮商谈具体解决两岸金融合作问题、共同打击犯罪问题、两岸渔工劳务合作问题、两岸双向投资及签订投资保护协议问题、两岸动植物检验检疫合作问题、两岸产业合作问题、两岸知识产权保护问题、两岸媒体记者常驻问题。就以适当方式构建两岸经济合作制度化安排问题进行探讨。

陈云林还就进一步落实两会制度化协商、发挥两会在促进两岸交流方面的作用提出建议，包括：组织两岸经济界、工商界人士互访考察，为扩大“小三通”政策性问题沟通发挥协调作用，配合两会商谈议题和扩大两岸文化、教育交流事宜组织两会理事、董监事互访交流，组织两岸有关方面专家以两会名义开展交流与沟通，协调推动两岸石油企业合作勘探，协调推动两岸气象业务与科研交流。

陈云林最后表示，希望两会抓紧就双方确定的议题进行沟通，争取于明年适当时候，欢迎江丙坤董事长再度赴大陆与海协会进行协商。

两会签署四项协议
两岸“三通”大步迈进

海协会会长陈云林与海基会董事长江丙坤11月4日下午在台北签署了《海峡两岸空运协议》、《海峡两岸海运协议》、《海峡两岸邮政协议》和《海峡两岸食品安全协议》四项协议。这宣告两岸同胞盼望已久的两岸直接通航、通邮即将变成现实。

协议签署后，海协会常务副会长郑立中在海协会记者会上指出，今天

□ 11月4日下午，陈云林和江丙坤签署四项协议后与观礼嘉宾合影。

是两岸关系史上值得记载的日子，会谈成果将带动两岸人民往来和经济文化交流。江丙坤在海基会记者会上表示，两会台北会谈签署的四项协议是两岸共同努力的成果，有助于提升台湾的经济竞争力和保障台湾民众的健康权益，有信心能够顺利付诸实施。

根据《海峡两岸空运协议》及其附件，双方同意开通台湾海峡北线空中双向直达航路，并建立两岸空（航）管部门的直接交接程序，同意继续磋商开通台湾海峡南线空中直达航路及其他更便捷的航路。两岸资本在两岸登记注册的航空公司，经许可后将可从事两岸间航空客货运输业务。

在客运包机方面，两岸将在原有周末包机的基础上，增加包机航点、班次，调整为客运包机常态化安排。大陆方面同意将在现有北京、上海（浦东）、广州、厦门、南京5个周末包机航点的基础上，开放成都、重庆、杭州、大连、桂林、深圳、武汉、福州、青岛、长沙、海口、昆明、西安、沈阳、天津、郑州等16个航点作为客运包机航点。台湾方面同意将已开放的桃园、高雄小港、台中清泉岗、台北松山、澎湖马公、花莲、金门、台东等8个航点作为客运包机航点。

双方每周7天共飞不超过108个往返班次，每方各飞不超过54个往返班次。今后将视市场需求适时增减班次。客运包机常态化安排实现后，此前的节日包机不再执行。春节期间可视情适量增加临时包机。双方还同意利用客运包机运送双方邮件。

在货运包机方面，双方同意开通两岸货运直航包机，运载两岸货物。大陆方面同意开放上海（浦东）、广州，台湾方面同意开放桃园、高雄小港作为货运包机航点。双方每月共飞60个往返班次，每方30个往返班次。

在《海峡两岸海运协议》及其附件中，双方同意相互开放主要对外开放港口作为直航港口，两岸资本并在两岸登记的船舶，经许可后可以从事两岸间客货直接运输。大陆方面现阶段开放上海、宁波、秦皇岛、厦门等63个港口，台湾方面开放基隆（含台北）、高雄（含安平）、台中、花莲等11个港口。在船舶识别问题上，双方同意两岸登记船舶自进入对方港口至出港期间，船舶悬挂公司旗，船艉及主桅暂不挂旗。双方同意在两岸货物、旅客通关入境等口岸管理方面提供便利。

根据协议，双方按照平等参与、有序竞争原则，根据市场需求，合理安排运力。双方同意对航运公司参与两岸船舶运输在对方取得的运输收入，相互免征营业税及所得税。

协议载明，双方积极推动海上搜救、打捞机构的合作，建立搜救联系合作机制，共同保障海上航行和人身、财产、环境安全。发生海难事故，双方应及时通报，并按照就近、就便原则及时实施救助。

根据《海峡两岸邮政协议》，双方同意开办两岸直接平常和挂号函件（包括信函、明信片、邮简、印刷品、新闻纸、杂志、盲人文件）、小包、包裹、特快专递（快捷邮件）、邮政汇兑等业务，并加强其他邮政业务合作。

协议分别确定了两岸邮件封发局。大陆方面邮件封发局为北京、上海、广州、福州、厦门、西安、南京、成都；台湾方面邮件封发局为台北、高雄、基隆、金门、马祖。双方可视需要，增加或调整邮件封发局，并由增加或调整一方通知对方。双方同意通过空运或海运直航方式将邮件总包

□ 11月4日下午，四项协议签署后，海协会安排郑立中、孙亚夫、李亚飞等向媒体说明。

运送至对方邮件处理中心，并同意建立邮政业务账务处理直接结算关系。

以上三项协议自签署之日起40天内生效。

两会就两岸食品安全事宜，经平等协商达成《海峡两岸食品安全协议》。根据协议，双方同意相互通报涉及两岸贸易的食品安全信息，并就涉及影响两岸民众健康的重大食品安全信息及突发事件，进行即时沟通，提供完整信息。

双方同意建立两岸重大食品安全事件协处机制，具体措施包括：（一）紧急磋商、交换相关信息；（二）暂停生产、输出相关产品；（三）即时下架、召回相关产品；（四）提供实地了解便利；（五）核实发布信息，并相互通报；（六）提供事件原因分析及改善计划；（七）督促责任人妥善处理纠纷，并就确保受害人权益给予积极协助；（八）双方即时相互通报有关责任查处情况。

双方还同意建立两岸业务主管部门专家定期会商及互访制度，就双方食品安全制度规范、检验技术及监管措施进行业务交流及信息交换。这份协议自双方签署之日起7日后生效。

协议签署后，现场响起热烈的掌声。江丙坤赠送陈云林一面写有“和平协商，共创双赢”字样的匾额，陈云林回赠一尊握手形象的雕塑。参加签署仪式的双方人员举杯庆祝“大功告成”。

中国国民党荣誉主席连战设宴欢迎陈云林一行

中国国民党荣誉主席连战11月4日晚在台北设宴欢迎海协会会长陈云林及其率领的海协会协商代表团一行。

连战在致词时说，以历史的眼光来看，陈云林这次访问不但圆了辜振甫、汪道涵两老10年前的心愿，而且宣告60年来两岸制度化协商管道的正式建立，强化了两岸互助互利的基础；同时这象征着两岸关系向着建立

□ 11月4日晚，连战在台北宴请陈云林等协商代表团，现场气氛热烈。

互信、共创双赢的目标坚定迈进。从现实的眼光来看，此次两会成功签署空运、海运、邮政、食品安全四项协议，对两岸都有益处，更可提升两岸竞争力，实在值得喝彩。

他指出，2005年国共两党举行时隔60年后的首次会谈，我很荣幸与中共中央总书记胡锦涛达成两岸和平发展五项共同愿景，之后双方举办了三次国共论坛，达成48项共识，而且即刻成为政策、措施，强有力地推动两岸经济、贸易、文化、教育、青年等领域的交流与合作。

连战说，海协会代表团这次来访，跨出历史上关键的一步，影响非常重大。好的开始，就是成功的一半。让我们承先启后，继往开来，努力开创更亮丽的两岸新关系，为民族兴盛共同付出。

陈云林在致词时说，人生可能有千百个梦，到台湾这块可爱的土地上，和江丙坤董事长进行会谈，共同签署四项协议，实现了我人生一个最好的梦。为海协会代表团有这样一次成功的访问，在座各位不知付出多少努力和心血，寄托了多少的希望。两会近半年来共签署了六项协议，实现30年来两岸同胞翘首以盼、两岸工商界为之奔走的目标。

他表示，今天两会签署的四项协议，其中有三项涉及两岸“三通”问题。这是两岸同胞的喜讯。未来的岁月将告诉人们，这是一个正确的选择，将给两岸同胞带来越来越多实惠。这样的商谈结果，也可以告慰汪道涵、辜振甫二老。两会还将勇敢地走下去，而且要走得更稳、更好，创造两岸关系和平发展的新局面。

陈云林表示，2005年是两岸关系史上非常重要的一年，连战以“为民族立生命，为两岸开太平”的博大胸怀和超人胆识，访问大陆。两岸关系迈出历史性的一步，开启了新局面。历史会铭记连先生为两岸关系作出的重大贡献。

两岸金融座谈会台北举行
陈云林江丙坤出席并致辞

由海协会、海基会共同主持，两岸金融界主管部门及业界人士参加的两岸金融座谈会11月5日上午在台北圆山饭店举行。海协会会长陈云林、海基会董事长江丙坤出席并致辞。

陈云林致辞时表示，当世界金融风暴来临的时候，两岸金融界、经济界人士能够坐在一起举办这次座谈会，具有重要的积极意义。两岸应相扶相帮，及时研讨对策，共度时艰。相信两岸能够共同携手，迎接两岸经济更美好的明天。两岸同胞也会认识到，这是极其有利的事情，当他们知道

□ 11月5日，两岸金融座谈会在台北圆山饭店举行。

我们绸缪措施，共同研究可执行的一些办法，他们会赞同我们、支持我们、理解我们。

江丙坤表示，当前全世界金融危机，两岸两会通过今天这场座谈会，找出病因，对症下药，其重要性不亚于昨天两会签署协议。盼望今天座谈会除了研讨两岸的金融议题之外，也对本区域和整个世界的金融危机提出因应办法，这也是在座专家的共同期待。

两岸两会今天共同主持了两岸金融界座谈会及两岸工商和航运座谈会，共同探讨合作因应国际金融危机、促进两岸经济共同发展的办法。

两岸工商及航运座谈会在台北举行

由海协会、海基会共同主办的两岸工商及航运座谈会11月5日上午在台北举行。两岸工商界、航运界、旅游界人士和有关专家参加座谈会，就如何共同应对国际金融危机、适应两会签署四项协议后展现出来的经济新局，加强两岸工商界、航运界的交流与合作交换意见。

海协会会长陈云林、海基会董事长江丙坤出席了座谈会。陈云林在致辞时说，在两会台北会谈结束后，举办两岸工商及航运座谈会、两岸金融座谈会两场座谈会，非常具有紧迫性、重要性。两会11月4日签署了四

□ 11月5日，两岸工商及航运座谈会在台北圆山饭店举行。

项协议，有助于两岸经济发展，有助于共同抵抗国际金融危机的冲击。但当前这场危机百年罕见，将对两岸经济产生多大的影响，犹难预料，因此航运界、工商界有必要加强沟通交流，探讨应对的办法。希望两岸兄弟携手，共度时艰。

江丙坤在致辞时说，举办两场座谈会是陈云林会长此次访台的两个任务之一，今天的座谈会有助于落实、完善昨天两会签署的协议。当前的金融海啸是全球性的，而且深不见底，两岸要针对病因，找到办法。这次座谈会除为落实两会昨天签署的协议做好准备，以便生效后能顺利落实，也想让两岸相关主管人员能就两会下一轮协商议题提前沟通，以加强两岸合作，共同度过当前经济困境。

中国国民党主席吴伯雄设宴欢迎陈云林一行

中国国民党主席吴伯雄11月5日晚在台北设宴，欢迎海协会会长陈云林及其率领的海协会协商代表团。

吴伯雄在致辞中说，陈云林会长到台湾来，与江丙坤董事长进行了非常成功的会谈。这对于两岸关系和平发展、对于两岸人民的福祉，具有非常重要的意义。我们要特别为他们的成就与辛苦鼓掌。

他表示，2005年，我以副主席的身份追随连战先生到北京参加国共

□ 11月5日晚，吴伯雄在台北晶华酒店设宴欢迎陈云林一行。

领导人会谈，会谈达成两岸和平发展五项共同愿景，五项愿景随后写进国民党党章，成为我们要努力奋斗的目标。在今年两次重大选举中，国民党接连获得胜利，重新“执政”。我在5月应中共中央总书记胡锦涛的邀请，到北京举行国共领导人会谈，会谈话题非常多，但真正的课题是希望两会协商能早日恢复。会谈结束不久，两会就在北京恢复商谈，现在第二次“江陈会谈”又取得重大进展。这说明我们是站在历史对的一面来前进的。

吴伯雄说，国共平台非常重要，过去在两岸之间剑拔弩张时，扮演了缓冲、润滑的角色。如今我们将继续推动运作，培养很好的氛围，让两会协商更圆满、更快速、更具体。这是我们的期待，我们会尽最大努力来协助两会协商顺利开展。

陈云林在致辞中首先转达了中共中央总书记胡锦涛对吴伯雄主席的问候。他说，当我们在大陆听到吴主席身体欠安，非常着急。今天见到吴主席身体如此健康，我们感到非常欣慰。

陈云林表示，两会11月4日签署了四项关系民生、惠及广大工商业者的协议，标志着两岸关系迈出了重要的一步。能够在如此短的时间里，完成了两岸同胞多年的期待，离不开吴主席和国民党的支持。请允许我和我的同仁，也代表大陆广大同胞，对吴主席和国民党各位人士的担当、坚持、支持，表示衷心的感谢。

赖幸媛：第二次“江陈会谈”获得丰硕成果

台湾当局大陆事务主管部门负责人赖幸媛11月4日下午在会见海协会会长陈云林时表示，第二次“江陈会谈”顺利完成任务，并且签署食品安全、空运、海运和邮政合作四项协议，获得丰硕的成果。

赖幸媛说，在短短不到5个月的时间里，两会接连举行两次高层会谈。两岸采取具体行动，落实制度化协商，向世人展现出两岸正视现实、搁置争议、积极改善关系的强烈意愿，并持续务实地解决两岸人民交流的问题与需要。

她表示，只要两岸诚心地互相了解，相互包容，就一定可以有效地逐步解决歧见。

海基会董事长江丙坤参加了会见。

□ 11月4日，陈云林与赖幸媛在晶华酒店会面。

陈云林参观新竹科学园区

海峡两岸关系协会会长陈云林11月5日下午应邀参观了台湾科技中心新竹科学园区，听取简报并参观了明基友达集团和华晶科技集团。

在参观中，陈云林表示，看到园区内种种先进的设施、整饬的规划、雅致的风格，深有感触。科学的脚步带动人类的前进，经济的跃进筑基思维智慧之根。

陈云林表示，新竹科学园区取得的科技成就与经济成果，既是科技发展的骄傲，也是民族智慧力的卓越表现，给我留下了深刻的印象。园

□ 11月5日，高孔廉陪同陈云林前往新竹科学园区参观。

区的企业具有赶超世界一流的精神，这种精神是提高企业竞争力的可贵动力。

当得知对大陆和香港出口已占整个园区产品出口的49%后，陈云林期盼园区与大陆的经济合作进一步扩大，在带动两岸经济发展和民族科技产业发展中发挥更加重要的作用。

两岸互赠珍稀动植物记者会在台北举行

海峡两岸关系协会和海峡交流基金会11月6日在台北市圆山饭店举行“两岸互赠大熊猫、珙桐树、长鬃山羊、梅花鹿记者会”。海协会会长陈云林、海基会董事长江丙坤出席记者会致辞，并举行互赠仪式。

陈云林致辞表示，大熊猫是中华民族的瑰宝，是象征着和平的祥瑞之兽。大熊猫能够在台湾生活繁衍后代，是大陆同胞的真诚期待。但是由于众所周知的原因，两只可爱的大熊猫赴台时间，已经被延宕数年，今

□ 11月6日，江丙坤与陈云林在台北圆山饭店出席“两岸互赠长鬃山羊、梅花鹿、猫熊、珙桐树”仪式。

天他终于能够宣布，大家期待已久的两只熊猫即将抵台，落户台北市木栅动物园。

陈云林指出，大熊猫赴台是两岸动物保育领域合作新成果，也是两岸交流中的一件大事。在这两只憨态可掬的大熊猫身上，凝结了万千大陆同胞对台湾同胞的善意和祝福。

陈云林表示，今天他受四川汶川地震灾区羌族同胞的委托，宣布赠送17棵珙桐的树苗给台湾同胞，以表达汶川17万羌族人民，以及灾区的同胞和大陆同胞对台湾同胞在对灾区同胞无私援助的深深谢意。

陈云林指出，珙桐树耐寒的特质，顽强的生命力，象征着中华民族无比坚韧的生存品质。“天地有情，喜之祥瑞”。他真诚地希望大熊猫能为台湾同胞带来欢乐和吉祥、和平与友好。同样，珙桐树带着羌族同胞与灾区同胞对台湾同胞的满腔谢意和美好祝福，也将根植台湾，他们的到来将见证两岸同胞斩不开、割不断的骨肉亲情。

同时，陈云林也衷心感谢台湾同胞赠与大陆同胞的长鬃山羊和梅花鹿。他祝愿，大熊猫、珙桐树和长鬃山羊、梅花鹿在它们的新家健康成长，希望大熊猫带来的快乐，能感染到每一颗心、传递给每一个人，希望珙桐树在台湾开枝散叶，成为两岸人民血脉相连、共度灾难的活的纪念碑。

江丙坤致辞时指出，台湾曾经历“921”大地震的伤痛，因此当四川汶川发生特大地震时，也牵动了台湾千万民众的心。台湾人民慷慨地救难与捐输，表达了中华民族血浓于水的亲情。台湾同胞期待汶川地震灾区能够很快很顺利地完成重建，并愿意提供相关经验和协助。台湾同胞也深切期待两岸的将来像珙桐树开花，像鸽子展翅飞翔一般和平繁荣和发展。

江丙坤引用古书《说文解字》的解释说：“‘羊’，祥也”。古时“羊”与“美”、“善”的意思相通，“羊”与“阳”通用，所以有“三羊开泰”的吉祥语。

江丙坤说，台湾梅花鹿是台湾特有的，因为过度捕猎几近绝灭，但经过相关单位持续努力，台湾梅花鹿已经哺育成功，这对台湾濒临绝种动物保护工作方面具有积极意义。

□ 11月3日，台北市立动物园表示：长鬃山羊是台湾保育类动物，也是台湾本土唯一土生土长的牛科动物，园内繁殖相当成功。

江丙坤衷心祝愿两岸“平安吉祥”，并希望两岸未来能在动植物保育方面能够有更多的技术交流和合作。

致辞后，现场观礼来宾观看了大熊猫、珙桐树，长鬃山羊、梅花鹿的资料录像。观后，陈云林与江丙坤在两岸众多媒体见证下，举行了互赠仪式。

台湾工商界举行午宴欢迎陈云林一行

台湾工商界11月6日在台北圆山大饭店举行午宴，欢迎海协会会长陈云林及协商代表团，祝贺两会签署四项协议。

海协会常务副会长郑立中在宴会上致辞时说，几天来，在两岸同胞的高度关注下，我们一起见证了两岸空运、海运、邮政、食品安全等四项协议的诞生，共同参与了应对国际金融危机、加强两岸经济合作的对话。我

□ 11月6日，台湾工商界联合在台北举办午宴欢迎陈云林一行。

们为两岸直接通航、通邮的实现感到高兴，更为两岸协商与两岸经济合作的前景感到鼓舞。

他表示，几天来，我们特别感受到工商界朋友对海协会协商代表团每一个人的支持和鼓励、关心和呵护。我们从各位朋友身上，看到真正的台湾人的待客之道，看到真正的台湾人的侠肝义胆。

郑立中指出，两岸经济合作是两岸关系和平发展的重要因素，加强两岸经济合作需要两会协商，共同努力。在当前国际金融危机给两岸经济发展带来严峻挑战的形势下，加强两岸金融合作和经济合作显得更为重要、更为迫切。两会已经商定今后一个时期重点协商的议题，体现了以推进两岸经济关系正常化、紧密化为目标的商谈思路。我们完全有理由相信，在包括台湾工商界在内的两岸同胞的支持下，两会协商的进程必将不断推进，以更丰硕的成果造福两岸同胞。

台湾工业总会理事长陈武雄、商业总会理事长张平沼先后致辞，对陈云林及协商代表团表示欢迎，对两会台北会谈达成四项协议表示欢迎和肯定。

海协会会长陈云林、海基会董事长江丙坤出席了午宴。

陈云林拜会慈济基金会创办人证严法师

海协会会长陈云林 11 月 6 日下午来到台北县关渡的慈济基金会人文志业中心，拜会了慈济基金会的创办人证严法师。

陈云林说，慈济的志工几乎遍布大陆各个省份，将大陆同胞的困难当成自己的事情。尤其在大陆还没有发展自己的骨髓库时，很多罹患白血病的大陆患者得到了慈济的无私支持，他们心中充满了感恩。今年 5 月 12 日，四川汶川发生特大地震，证严法师在第一时间发去紧急电报，让灾区人民感到非常温暖，随后又做了很多帮助灾区人民的好事。希望自己这次能够代表大陆同胞，对证严法师和慈济基金会给予大陆人民的温暖和爱

□ 11月6日下午，陈云林拜会慈济证严法师，以答谢慈济在四川汶川地震中给予的大力协助。

心，表示衷心感谢。

陈云林指出，大爱是遍布全世界的，两岸同胞都是骨肉同胞，更应该有爱护心，互相关怀。两岸之间可能有这样那样的问题、矛盾，那是历史遗留的，我们要慢慢地解决掉。相信以大爱无边的思想，慢慢地两岸同胞会更加融合、更加理解。

证严法师向陈云林介绍了慈济基金会的发展现状和在环保方面取得的成绩，并展示了用废弃的饮料瓶回收后重新发酵、抽丝，最后手织成的毛毯和围巾。她说，慈济的工作人员在大陆得到了有关方面的大力支持，此次和陈云林会面，也希望表达这份感谢之情。

证严法师向陈云林和海协会协商代表团成员，赠送了“福慧红包”。红包里裹着一枚新台币五元硬币，取闽南语谐音，喻示“有缘”。陈云林回赠了一幅水墨画风格的刺绣《清气图》，画面为一茎秋日白荷。

海协会举行答谢宴
陈云林畅谈此行感受

海峡两岸关系协会11月6日晚在台北圆山大饭店举行答谢宴，对海基会、台湾有关方面和各界人士4天来细致周到的安排和热情温馨的招待表示感谢。

海协会会长陈云林在致辞中说，此行感受可以用“欣慰、憧憬、感谢”6个字来概括。4天来，我们见到了为两岸关系发展作出贡献的老朋友，也结识了关心两会协商的新朋友，参观了为台湾创造经济价值、社会价值的

□ 11月6日晚，海协会在台北圆山饭店举办答谢晚宴，陈云林发表讲话。

科技企业与公益团体，拜会了辛勤劳作的普通农户，观看了反映台湾普通人思想感情的电影《海角七号》，增加了对台湾社会的认识，增进了对台湾人民勤奋善良优秀品质的了解。

他说，我强烈地感受到，广大台湾民众对于两会协商保持高度关注、寄予殷切期待，希望能够通过两会协商，深化两岸交流合作、实现互利双赢、促进两岸关系和平发展。令人欣慰的是，我们没有让民众失望。而民众慨然之于两会协商的关注和期待，必将成为两岸协商持续推进的强劲动力。

陈云林指出，两岸关系和平发展，符合台湾同胞的利益，是历史的正确方向。我们已经迈出了第一步，就要一步一个脚印地、坚定地走下去。我们了解百年沧桑中台湾同胞特殊的历史遭遇，知道在台湾还存在着对两岸关系的不同看法。这就需要我们有诚意、有耐心去沟通、去化解。只要我们秉持善意、运用智慧，先从解决攸关人民权益的经济和民生问题做起，累积成果，增进互信，完全可以共同努力，创造条件，解决历史遗留的复杂问题。

他表示，我们有理由相信，随着两岸协商成果的不断累积，随着两岸

□ 11月6日上午，马英九在台北宾馆会见陈云林，赠送台湾少数民族达悟人独木舟造型的著名莺歌陶作，象征“两岸三通、春暖花开、前景光明”。

关系和平发展的成果为越来越多的台湾同胞所亲身感受，以协商化解分歧、以合作取代对抗的精神，一定会感召并汇聚越来越多的两岸同胞，两岸关系和平发展的道路一定会越走越宽广。

陈云林对海基会、台湾有关方面和各界人士，以及相关饭店员工、警察和维安人员、新闻媒体表示感谢。他说："从你们身上，我们深切地感受到台湾人民的待客之道，深切地感受到台湾社会的主流民意。"

海基会董事长江丙坤在致辞中说，这次两会能够完成协商并签署协议，自己感慨万千，因为终于达成过去多年的想法和民间的要求。这些工作，历史一定会有记载。两会恢复协商不到半年，就交出了亮丽的成绩单，期许未来两岸继续团结合作，扩大经贸交流，增进人民福祉，进一步达成两岸和平、经济双赢。

海协会常务副会长郑立中、执行副会长孙亚夫、驻会副会长李炳才和海基会副董事长兼秘书长高孔廉出席了宴会。

陈云林及海协会协商代表团圆满结束访台返京

海峡两岸关系协会会长陈云林及海协会协商代表团圆满结束访台行程，11月7日上午乘坐华航周末包机离开台北桃园机场返回北京。

陈云林临行前表示，代表团带着大陆13亿人民对2300万台湾同胞的深情厚谊而来，今天带着2300万台湾同胞对大陆同胞的深深友情、对代表团的理解和支持离开。

陈云林一行离开下榻的台北圆山饭店时，台湾海基会董事长江丙坤前

□ 11月7日，海峡两岸历史性的台北会谈圆满结束，江丙坤为陈云林一行送行。

往送行。江丙坤说，陈云林一行访台只有4天的时间，行程短促紧张，但成果丰硕。我们会朝着两岸和平、经济双赢的目标继续努力。

陈云林对江丙坤前来送行表示感谢。他说，此行完成了两岸同胞期待已久的、交给两会的光荣使命。尽管未来的路还很长，还可能遇到这样那样的困难，但我们一定会有所担当。两会将不负两岸同胞期待，继续做出有利于他们福祉的事情。

陈云林说，今日的离别预示着明日的相逢。我们带回你们的深情厚谊，也期待在不久的将来，有更多的台湾朋友到大陆参访、旅行。我们向各位朋友郑重承诺，你们所到之处将是一片和谐，一路春风。

陈云林特别向为保证两会会谈顺利举行和海协会代表团的安全，而辛苦执勤、流血受伤的台湾维安人员、警察鞠躬致谢。

海基会副董事长兼秘书长高孔廉前往机场送行。

海协会协商代表团活动日程

11月3日

上午，从北京机场出发赴台；

中午，抵达桃园机场，随即转往下榻之圆山饭店；

下午，陈云林拜会已故海基会董事长辜振甫夫人辜严倬云女士，两会副会长、副董事长进行相关协议预备性磋商；

晚间，海基会举行欢迎晚宴。

11月4日

上午，两会举行领导人会谈即第二次“陈江会谈”；

下午，两会签署协议，随后海协会、海基会分别召开记者会；

下午，陈云林会见台“陆委会主委”赖幸媛，海基会举行酒会；

晚间，中国国民党荣誉主席连战宴请陈云林一行。

11月5日

上午，两岸工商及航运座谈会、两岸金融座谈会分别举行；

中午，亲民党主席宋楚瑜宴请陈云林一行；

下午，陈云林一行参访新竹科学工业园区；

晚间，中国国民党主席吴伯雄宴请陈云林一行。

11月6日

上午，陈云林一行出席两岸互赠珍稀动植物记者会，大陆方面宣布向台湾同胞赠送大熊猫和珍稀植物珙桐树，台湾方面宣布回赠珍稀动物长鬃山羊和梅花鹿；

中午，台湾工商界宴请陈云林一行；

晚间，海协会举行答谢宴会。

11月7日

上午，陈云林一行搭乘周末包机返回北京。

会谈议题及成果

海峡两岸海运协议

海峡两岸关系协会会长陈云林11月4日与台湾海峡交流基金会董事长江丙坤在台北签署了《海峡两岸海运协议》。全文如下：

为实现海峡两岸海上客货直接运输，促进经贸交流，便利人民往来，海峡两岸关系协会与财团法人海峡交流基金会就两岸海运直航事宜，经平等协商，达成协议如下：

一、经营资格

双方同意两岸资本并在两岸登记的船舶，经许可得从事两岸间客货直接运输。

二、直航港口

双方同意依市场需求等因素，相互开放主要对外开放港口。

三、船舶识别

双方同意两岸登记船舶自进入对方港口至出港期间，船舶悬挂公司旗，船艉及主桅暂不挂旗。

四、港口服务

双方同意在两岸货物、旅客通关入境等口岸管理方面提供便利。

五、运力安排

双方按照平等参与、有序竞争原则，根据市场需求，合理安排运力。

六、税收互免

双方同意对航运公司参与两岸船舶运输在对方取得的运输收入，相互免征营业税及所得税。

七、海难救助

双方积极推动海上搜救、打捞机构的合作，建立搜救联系合作机制，共同保障海上航行和人身、财产、环境安全。发生海难事故，双方应及时通报，并按照就近、就便原则及时实施救助。

八、辅助事项

双方在船舶通信导航、证照查验、船舶检验、船员服务、航海保障、污染防治及海事纠纷调处等方面，依航运惯例、有关规范处理，并加强合作。

九、互设机构

双方航运公司可在对方设立办事机构及营业性机构，开展相关业务。

十、联系主体

（一）本协议议定事项，由海峡两岸航运交流协会与台湾海峡两岸航运协会联系实施。必要时，经双方同意得指定其他单位进行联系。

（二）本协议其他相关事宜，由海峡两岸关系协会与财团法人海峡交流基金会联系。

十一、协议履行及变更

（一）双方应遵守协议。协议附件与本协议具有同等效力。

（二）协议变更，应经双方协商同意，并以书面方式确认。

十二、争议解决

因适用本协议所生争议，双方应尽速协商解决。

十三、未尽事宜

本协议如有未尽事宜，双方得以适当方式另行商定。

十四、签署生效

本协议自双方签署之日起四十日内生效。

本协议于十一月四日签署，一式四份，双方各执两份。

附件：海峡两岸直航船舶、港口安排

海峡两岸关系协会	财团法人海峡交流基金会
会　长	董事长
陈云林	江丙坤

附件：

海峡两岸直航船舶、港口安排

依据本协议第一条、第二条，议定具体安排如下：

一、两岸资本并在香港登记的船舶比照直航船舶从事两岸间海上直接运输，在进出两岸港口期间，其船舶识别方式比照《港台海运商谈纪要》有关香港船舶的规定。

二、目前已经从事两岸试点直航（境外航运中心）运输、两岸三地集装箱（货柜）班轮运输、砂石运输的两岸资本权宜船，经特别许可，可按照本协议有关船舶识别等规定，从事两岸间海上直接运输。

三、双方现阶段相互开放下列港口：

大陆方面为六十三个港口，包括：丹东、大连、营口、唐山、锦州、秦皇岛、天津、黄骅、威海、烟台、龙口、岚山、日照、青岛、连云港、大丰、上海、宁波、舟山、台州、嘉兴、温州、福州、松下、宁德、泉州、肖厝、秀屿、漳州、厦门、汕头、潮州、惠州、蛇口、盐田、赤湾、妈湾、虎门、广州、珠海、茂名、湛江、北海、防城、钦州、海口、三亚、洋浦等四十八个海港，以及太仓、南通、张家港、江阴、扬州、常熟、常州、泰州、镇江、南京、芜湖、马鞍山、九江、武汉、城陵矶等十五个河港。

台湾方面为十一个港口，包括：基隆（含台北）、高雄（含安平）、台中、花莲、麦寮、布袋（先采专案方式办理）等六个港口，以及金门料罗、水头、马祖福澳、白沙、澎湖马公等五个“小三通”港口。

双方同意视情增加开放港口。

海峡两岸邮政协议

海峡两岸关系协会会长陈云林11月4日与台湾海峡交流基金会董事长江丙坤在台北签署了《海峡两岸邮政协议》。全文如下：

为扩大两岸邮政业务合作，便利两岸人民联系与交流，海峡两岸关系协会与财团法人海峡交流基金会就两岸直接邮政合作事宜，经平等协商，达成协议如下：

一、业务范围

双方同意开办两岸直接平常和挂号函件（包括信函、明信片、邮简、印刷品、新闻纸、杂志、盲人文件）、小包、包裹、特快专递（快捷邮件）、邮政汇兑等业务，并加强其他邮政业务合作。

二、封发局

大陆方面邮件封发局为：北京、上海、广州、福州、厦门、西安、南京、成都；台湾方面邮件封发局为：台北、高雄、基隆、金门、马祖。双方可视需要，增加或调整邮件封发局，并由增加或调整一方通知对方。

三、邮件运输

双方同意通过空运或海运直航方式将邮件总包运送至对方邮件处理中心。

四、规格及限定

双方同意商定邮件尺寸、重量等规格，并尊重对方禁限寄规定。

五、账务结算

双方同意建立邮政业务账务处理直接结算关系。

六、文件格式

处理邮件使用的袋（吊）牌、清单、邮袋、查询表格等，依双方认可之格式。

七、邮件查询

挂号函件、小包、包裹及特快专递（快捷邮件）等邮件业务的查询，由双方邮件处理中心相互联系，并应提供便捷的业务联系渠道。

八、查询期限

挂号函件、包裹之查询，应自原寄件人交寄之次日起六个月内提出；特快专递（快捷邮件）自交寄之次日起三个月内提出。

九、补偿责任

双方对于互相寄递的挂号函件、包裹发生遗失及其内容全部或一部分遗失、被窃或毁损等情形，应由责任方负责补偿，并相互结算。

特快专递（快捷邮件）之遗失、内件被窃或毁损等情形，概由原寄一方自行负责补偿，不相互结算。

十、联系主体

（一）本协议议定事项，由海峡两岸邮政交流协会与财团法人台湾邮政协会相互联系。具体邮政业务由双方邮件处理中心联系实施。

（二）本协议其他相关事宜，由海峡两岸关系协会与财团法人海峡交流基金会联系。

十一、协议履行及变更

双方应遵守协议。

协议变更，应经双方协商同意，并以书面方式确认。

十二、争议解决

因适用本协议所生争议，双方应尽速协商解决。

十三、未尽事宜

本协议如有未尽事宜，双方得以适当方式另行商定。

十四、签署生效

本协议自双方签署之日起四十日内生效。

本协议于十一月四日签署，一式四份，双方各执两份。

海峡两岸关系协会	财团法人海峡交流基金会
会　长	董事长
陈云林	江丙坤

海峡两岸食品安全协议

海峡两岸关系协会会长陈云林11月4日与台湾海峡交流基金会董事长江丙坤在台北签署了《海峡两岸食品安全协议》。全文如下：

为增进海峡两岸食品安全沟通与互信，保障两岸人民安全与健康，海峡两岸关系协会与财团法人海峡交流基金会就两岸食品安全事宜，经平等协商，达成协议如下：

一、信息（讯息）通报

双方同意相互通报涉及两岸贸易的食品安全信息（讯息），并就涉及影响两岸民众健康的重大食品安全信息（讯息）及突发事件，进行即时通报，提供完整信息（讯息）。

针对前项查询请求，应迅速回应并提供必要协助。

二、协处机制

双方同意建立两岸重大食品安全事件协处机制，采取下列措施妥善处理：

（一）紧急磋商、交换相关信息（讯息）；

（二）暂停生产、输出相关产品；

（三）即时下架、召回相关产品；

（四）提供实地了解便利；

（五）核实发布信息（讯息），并相互通报；

（六）提供事件原因分析及改善计划；

（七）督促责任人妥善处理纠纷，并就确保受害人权益给予积极协助；

（八）双方即时相互通报有关责任查处情况。

三、业务交流

双方同意建立两岸业务主管部门专家定期会商及互访制度，就双方食品安全制度规范、检验技术及监管措施进行业务交流及信息（讯息）交换。

四、文书格式

双方信息（讯息）通报、查询及业务联系，使用双方商定的文书格式。

五、联系主体

（一）本协议议定事项，由双方食品安全等业务主管部门指定的联络人相互联系实施。必要时，经双方同意得指定其他单位联系实施。

（二）本协议其他相关事宜，由海峡两岸关系协会与财团法人海峡交流基金会联系。

六、协议履行及变更

双方应遵守协议。

协议变更，应经双方协商同意，并以书面方式确认。

七、争议解决

因适用本协议所生争议，双方应尽速协商解决。

八、未尽事宜

本协议如有未尽事宜，双方得以适当方式另行商定。

九、签署生效

本协议自双方签署之日起七日后生效。

本协议于十一月四日签署，一式四份，双方各执两份。

海峡两岸关系协会	财团法人海峡交流基金会
会　长	董事长
陈云林	江丙坤

海峡两岸空运协议

海峡两岸关系协会会长陈云林11月4日与台湾海峡交流基金会董事长江丙坤在台北签署了《海峡两岸空运协议》。全文如下：

为促进海峡两岸经贸关系发展，便利两岸人民往来，海峡两岸关系协会与财团法人海峡交流基金会就两岸空运直航事宜，经平等协商，达成协议如下：

一、空中航路

双方同意开通台湾海峡北线空中双向直达航路，建立两岸空（航）管部门的直接交接程序。

双方同意继续磋商开通台湾海峡南线空中双向直达航路及其他更便捷的航路。

二、承运人

双方同意两岸资本在两岸登记注册的航空公司，经许可得从事两岸间航空客货运输业务。

三、直航航点

双方同意根据市场需求开放适宜客货直航的航点。

四、定期航班

双方同意尽可能在本协议实施半年内就定期客货运航班作出安排。

五、货运包机

双方同意开通两岸货运直航包机，运载两岸货物。

六、客运包机

双方同意在两岸周末包机的基础上，增加包机航点、班次，调整为客运包机常态化安排。

七、公务（商务）包机

双方同意视情开办非营利性公务（商务）包机。

八、准用条款

双方同意客货运包机等相关事宜，准用《海峡两岸包机会谈纪要》的规定。

九、联系主体

（一）本协议议定事项，由海峡两岸航空运输交流委员会与台北市航空运输商业同业公会相互联系。必要时，经双方同意得指定其他单位进行联系。

（二）本协议其他相关事宜，由海峡两岸关系协会与财团法人海峡交流基金会联系。

十、协议履行及变更

（一）双方应遵守协议。协议附件与本协议具有同等效力。

（二）协议变更，应经双方协商同意，并以书面方式确认。

十一、争议解决

因适用本协议所生争议，双方应尽速协商解决。

十二、未尽事宜

本协议如有未尽事宜，双方得以适当方式另行商定。

十三、签署生效

本协议自双方签署之日起四十日内生效。

本协议于十一月四日签署，一式四份，双方各执两份。

附件：海峡两岸空中航路、客货运包机安排

海峡两岸关系协会　　　　　　　　　　财团法人海峡交流基金会

会　长　　　　　　　　　　　　　　　董事长

陈云林　　　　　　　　　　　　　　　江丙坤

附件：

海峡两岸空中航路、客货运包机安排

依据本协议第一条、第三条、第五条及第六条，议定具体安排如下：

一、直达航路

双方同意由两岸空（航）管部门以适当方式，就建立北线上海与台北飞行（航）情报区直达航路、空（航）管交接程序进行联系并作出具体安排。

北线飞航路线为：

自B576BERBA点（N27° 04′ 41″ E123° 00′ 00″）经双方议定之航管交接点A点（N27° 26′ 20″ E122° 25′ 19″）至东山双向使用。

二、货运包机

（一）承运人：双方同意各自指定二或三家航空公司经营货运包机业务。

（二）航点：大陆方面同意开放上海（浦东）、广州，台湾方面同意开放桃园、高雄小港作为货运包机航点。

（三）班次：双方每月共飞六十个往返班次，每方三十个往返班次。其中，双方上海（浦东）、广州两个航点每月每航点各飞十五个往返班次。在每年十月至十一月间的货运旺季，双方可各自增加十五个往返班次。

（四）商务安排：双方航空公司采商业合作方式经营，并向双方航空主管部门备案后实施。

三、客运包机

（一）航点：大陆方面同意在现有北京、上海（浦东）、广州、厦门、南京五个周末包机航点的基础上，开放成都、重庆、杭州、大连、桂林、深圳、武汉、福州、青岛、长沙、海口、昆明、西安、沈阳、天津、郑州等十六个航点作为客运包机航点。台湾方面同意将已开放的桃园、高雄小港、台中清泉岗、台北松山、澎湖马公、花莲、金门、台东等八个航点作为客运包机航点。

（二）班次：双方每周七天共飞不超过一百零八个往返班次，每方各飞不超过五十四个往返班次。其中台湾方面至上海（浦东）的班次不超过二十个往返班次。今后视市场需求适时增减班次。

（三）其他事宜：客运包机常态化安排实现后，此前的节日包机安排不再执行。春节期间可视情适量增加临时包机。

（四）邮件运输：双方同意利用客运包机运送双方邮件。

海峡两岸包机会谈纪要

海峡两岸关系协会会长陈云林6月13日与台湾海峡交流基金会董事长江丙坤在北京签署了《海峡两岸包机会谈纪要》。全文如下：

海峡两岸关系协会与财团法人海峡交流基金会认为，近年来两岸节日包机、紧急医疗包机、人道包机及专案货运包机相继开通，促进了两岸人民往来和经济交流。为尽早实现两岸直接通航，双方就开通两岸客运包机和货运包机等事宜，经平等协商，形成会谈纪要如下：

一、承运人。双方同意在航班总量相等的情形下，各自指定包机承运人，并事先知会对方。

二、搭载对象。双方同意凡持有效旅行证件往返两岸的旅客均可搭乘客运包机。

三、飞行航路。双方同意尽快协商开通两岸直达航路和建立双方空管方面的直接交接程序。在直达航路开通前，包机航路得暂时绕经香港飞行（航）情报区。

四、通关便利。双方同意简化客、货通关手续，为旅客及机组人员提供便利。

五、保税措施。双方同意对承运人租用机场公共保税仓库储备飞机维修配件，提供便利并予以保税监管。

六、互设机构。双方同意包机承运人得在对方航点设立办事机构。

在本纪要签署后，大陆包机承运人即可派出员工驻台，办理有关业务，设立办事机构筹备处。台湾方面同意大陆承运人于六个月内设立办事机构。

七、辅助安排。双方同意有关地面代理、销售途径、票款结算、航空器及机组证照证明与检查、机务及飞行前安全检查、检验检疫等事宜，比照节日包机做法处理。如遇飞行安全、急难救助等特殊情况，双方同意以个案方式协商处理，并提供必要协助。

八、申请程序。包机承运人按照各方规范逐月申请飞行班次，每次飞行前十五日提出申请。

九、准用事项。双方同意节日包机、紧急医疗包机等仍暂按双方已经公布的框架性安排执行，并得准用本纪要搭载对象等条款。

十、货运事宜。双方同意在周末客运包机实施后三个月内就两岸货运包机进行协商，并尽速达成共识付诸实施。

十一、定期航班。双方同意尽快就开通两岸定期直达航班进行协商，以实现两岸人民的共同愿望、增进两岸人民的福祉。

十二、联系机制。本会谈纪要议定事项，由海峡两岸航空运输交流委员会与台北市航空运输商业同业公会相互联系。必要时，经双方同意得指定其他单位进行联系。

十三、签署生效。本会谈纪要自双方签署之日起七日后生效。纪要的附件与本纪要具有同等效力。

本会谈纪要于六月十三日签署，一式四份，双方各执两份。

附件：海峡两岸周末包机时段、航点及班次

海峡两岸关系协会	财团法人海峡交流基金会
会　长	董事长
陈云林	江丙坤

附件

海峡两岸周末包机时段、航点及班次

一、时段。周末包机时段为每周五至下周一计四个全天。自七月四日起正式开始实施。

二、航点。大陆方面同意先行开放北京、上海（浦东）、广州、厦门、南京五个航点，并陆续开放成都、重庆、杭州、大连、桂林、深圳，以及其他有市场需求的航点。台湾方面同意开放桃园、高雄小港、台中清泉岗、台北松山、澎湖马公、花莲、金门、台东等八个航点。

三、班次。双方同意在周末包机初期阶段，每周各飞十八个往返班次，共三十六个往返班次。根据市场需求等因素适时增加班次。

每周台湾方面至上海（浦东）的班次不超过九个往返班次；大陆方面至台中清泉岗的班次不超过六个往返班次。

海峡两岸关于大陆居民赴台湾旅游协议

海峡两岸关系协会会长陈云林6月13日与台湾海峡交流基金会董事长江丙坤在北京签署了《海峡两岸关于大陆居民赴台湾旅游协议》。全文如下：

为增进海峡两岸人民交往，促进海峡两岸之间的旅游，海峡两岸关系协会与财团法人海峡交流基金会，就大陆居民赴台湾旅游等有关两岸旅游事宜，经平等协商，达成协议如下：

一、联系主体

（一）本协议议定事宜，双方分别由海峡两岸旅游交流协会（以下简称海旅会）与台湾海峡两岸观光旅游协会（以下简称台旅会）联系实施。

（二）本协议的变更等其他相关事宜，由海峡两岸关系协会与财团法人海峡交流基金会联系。

二、旅游安排

（一）双方同意赴台旅游以组团方式实施，采取团进团出形式，团体活动，整团往返。

（二）双方同意按照稳妥安全、循序渐进原则，视情对组团人数、日均配额、停留期限、往返方式等事宜进行协商调整。具体安排详见附件一。

三、诚信旅游

双方应共同监督旅行社诚信经营、诚信服务，禁止“零负团费”等经营行为，倡导品质旅游，共同加强对旅游者的宣导。

四、权益保障

（一）双方应积极采取措施，简化出入境手续，提供旅行便利，保护旅游者正当权益及安全。

（二）双方同意各自建立应急协调处理机制，相互配合，化解风险，及时妥善处理旅游纠纷、紧急事故及突发事件等事宜，并履行告知义务。

五、组团社与接待社

（一）双方各自规范组团社、接待社及领队、导游的资质，并以书面方式相互提供组团社、接待社及领队、导游的名单。

（二）组团社和接待社应签订商业合作合同（契约），并各自报备，依照有关规定办理业务。

（三）组团社和接待社应按市场运作方式，负责旅游者在旅游过程中必要的医疗、人身、航空等保险。

（四）组团社和接待社在旅游者正当权益及安全受到威胁和损害时，应主动、及时、有效地妥善处理。

（五）双方对损害旅游者正当权益的旅行社，应分别予以处理。

（六）双方应分别指导和监督组团社和接待社保护旅游者正当权益，依合同（契约）承担旅行安全保障责任。

六、申办程序

组团社、接待社应分别代办并相互确认旅游者的通行手续。旅游者持有效证件整团出入。

七、逾期停留

双方同意就旅游者逾期停留问题建立工作机制，及时通报信息，经核实身份后，视不同情况协助旅游者返回。任何一方不得拒绝送回或接受。

八、互设机构

双方同意互设旅游办事机构，负责处理旅游相关事宜，为旅游者提供快捷、便利、有效的服务。

林当选为新任会长。在双方协商的头号人物敲定之后，一系列有关两会复谈的日程、议题、人员安排等各个方面的准备工作，随即紧锣密鼓地展开。海基会副秘书长张树棣6月9日提前率团抵达北京进行“会前会”，与海协展开双方会务主管的先期会商，并就“陈江会谈”相关议题、议程，与相关事务展开磋商。

显然，“会前会”的预热相当成功。海基会秘书长高孔廉6月11日在行前记者会中表示，由于双方先期协商已相当成熟，原本的三轮谈判将缩减成两轮。6月12日正式协商当天，将直接由海基会副董事长与海协会副会长层级直接进入协商，上午以周末包机议题为主，下午谈大陆观光客来台。

对于这次会谈的议题，江丙坤强调，除了最为人们所期待的周末包机和大陆观光客两项议题外，货运包机议题因为是外界最为关心的议题，也会包含在这次协商之中，也希望货运包机能有结果。从过去看，双方还有一些无法达成的共识，但他确定货运包机一定会是最优先处理的议题。两岸两会互设办事处等议题，也会在这次的“陈江会”上提为今后两会协商议题，他还当面邀请陈云林在“方便的时间”到台访问。

两会复谈　断桥不断

到过杭州西湖的人都知道，“断桥”其实不断。

“断桥残雪”是“西湖十景”之一。其名之由来有多种说法，最为人知的是：每当大雪初晴，站在宝石山上眺望，桥的向阳一面冰消雪化，露出褐色的桥面一痕，仿佛长长的白链到此中断，因而得名。

6月11日，江丙坤董事长率台湾海基会代表团抵达北京，将就两岸周末包机、大陆居民赴台旅游等事宜同海协会协商。海协会与海基会是两岸双方就两岸交往中相关问题进行商谈的受权民间团体，成立以来一直是两

□ 6月12日上午，海协会与海基会在北京钓鱼台五号楼举行会谈。

岸之间最重要的沟通桥梁，但在1999年李登辉发表“两国论”后，两会商谈中断长达九年。

在国共两党和两岸同胞的共同努力下，今年3月以来台湾局势发生了积极变化，两岸关系发展面临着难得的历史机遇。和煦的春风再度吹拂台海，曾经覆盖在两岸沟通之桥上的积雪开始融化，两会将于6月12日正式恢复协商谈判。两岸同胞欣喜地看到，断桥不断，仍将通连两岸，造福两岸同胞。

九年来，两岸关系曾经阴霾密布、乌云飞渡，如今终于拨云见日、雨过天晴。这当中固然有大陆方面和岛内反对“台独”、坚持“九二共识”、主张发展两岸关系的政党和人士扮演重要“推手”，但其根本原因则是两岸同胞血脉相连、命运与共，这是任何人都不能改变的。尽管分隔了许多年，但两岸中国人之间的“心桥”从来不断，也永远不会断。

初夏之时，蕙风和畅。两会恢复往来与商谈，并且有望取得实实在在的成果，延续新形势下两岸关系和平发展的好势头。人们有信心期待两会此次协商顺利成功，更有理由期许今后两岸沟通之桥越走越宽阔、越来越顺畅，“为同胞谋和平，为两岸创双赢，为台海争和谐，为中华开太平”。

两会复谈的信心与耐心

6月11日，江丙坤“登陆”，海协会和海基会的两位会长在北京会晤。阻断了九年的两岸协商又重新开启，这的确是两岸民众的福祉，也给了刚刚回暖的海峡两岸一次新的契机。那就是两岸关系向何处去的契机。

这是2008年中国政治的重要命题。在台湾岛内领导人选举和政党轮替之初，摆在台湾面前有两条道路，继续容忍“台独”的肆虐，还是给台湾一次新的机会；摆在中国大陆同胞面前也有两条路，是否继续寄望于台湾同胞？所幸的是，两岸中国人都做出了正确的选择。

因此，解读此次两会复谈，首先应该意识到，这是两岸民众的众望所归。秉承民意，才有了这次延续历史的对话。这也是上世纪90年代以来，两岸当局对于“九二共识”的继承。对于中国大陆来说，这个共识在两岸政治对话中的重要性从来没有动摇过，对于台湾来说，也正因为这样一个“九二共识”，一旦复谈就意味着与大陆一起认可了一种对话的基调，这个基调就是“九二共识”背后的时代背景与政治信任基础。只有继承“九二共识”的既定基础，才是对两党和两岸民众政治愿景的最大尊重。

另一方面，此次两会复谈，又是对两岸关系的一次全新描述。马英九上任伊始，两会即恢复协商，显示了马英九将两岸关系的暖化和推进，作为其与前任所不同的一个重大方面。正因如此，两会才有了如此之快的复谈速度，也正因如此，在马英九任内的两岸复谈，恐怕在“九二共识”的基础上，也需要一种新的共同点。这个共同点既包括如何进一步对两岸的经济、文化互动进行维护，也包括怎样确立两岸的政治交往原则。

同时，我们也应该认识到，在中断了九年之后，两岸政界和民众，都重新需要一个政治上的相互熟悉过程。毕竟台湾才刚刚经历了“台独”的荼毒，这种负面思潮尚未退去。而政党轮替，并不意味着所有的诡谲思想，都会在一瞬间消失于历史的时空。正如两会复谈需要一个逐步的过程一样，两岸政治对话的递进深入也需要一个逐步的过程。因此对于两会的第一次复谈，更重要的恐怕不是实质性内容，而是这种复谈所建立的信任语境。

回望上世纪90年代，两岸政治曾经错过了一个彼此呼应的理想时代。“汪辜会谈”那种特殊的历史际遇，两岸凸显政治身段的会晤已成绝响。现在我们所面对的，是一个更需要实质内容的两岸政治。中国人看重第一次，也重视重来的一次。我们既要对两会复谈高度期待，高度兴奋，又要对两岸关系的发展有高度的耐心和恒心。这样的两岸关系，才是经得起历史考验和坚实发展基础的两岸关系。

内容广泛　共识众多

6月12日上午9时许，北京钓鱼台五号楼新厅里，照相机闪光灯咔嚓咔嚓响个不停。在两百位记者注目下，大陆海协会会长陈云林与台湾海基会董事长江丙坤的手紧紧握在一起。

这一标志两岸两会恢复商谈的握手，距离1993年在新加坡举行的汪辜会谈已有15年，距离1998年在上海的汪辜会晤也有十年之遥。

两会复谈首日，两会领导人会谈，以及两会协商两岸周末包机、大陆居民赴台旅游陆续登场，取得众多共识。

这从两位领导人的开场白中就可看出：两人都对不久前发生的四川汶川大地震表达关切；陈云林对台湾社会各界在汶川特大地震发生后，以各种方式给予灾区同胞的深切关怀和无私援助，再次表示衷心感谢；江丙坤表示，四川汶川发生大地震后，台湾各界高度重视，予以关切，踊跃捐输，希望未来两会能为赈灾提供更多实质性协助。

两人都提到了已故两会前任领导人汪道涵、辜振甫。陈云林说，他们为改善两岸关系、推进两会协商做出了卓越的历史性贡献，他们未竟的夙愿需要由我们来继续推进；江丙坤说，两岸两会在两位老先生的卓越领导下，已经为双方联系与会谈建立了制度化机制，1993年的辜汪会谈和1998年的辜汪会晤都对两岸关系有着深远的历史影响。

两人也都提到，两会双方5月26日、29日函电往来，为两岸恢复协商建立了基础。陈云林说，两岸协商谈判能否顺利进行，是两岸关系是否改善与发展的重要标志；江丙坤则表示，希望两会发挥协商、交流与服务的桥梁与管道功能，为两岸人民福祉多作贡献，为两岸关系的和平、稳定，奠定基础。

在会谈中，陈云林就继续推进海协会与海基会的协商、加强两会的联系交往事宜提出三点意见和建议，其中提到两会可考虑组织海协会理事和海基会董事、监事进行互访，特别是可以考虑邀请两岸主管部门人士以两会名义进行交流。

江丙坤提出两会年度内协商议题的建议，包括两岸货运包机、扩大客运包机、两岸海运直航等。他还邀请陈云林今年内率团到台湾访问，陈云林表示感谢并接受邀请。

海基会副秘书长庞建国会后透露，两会领导人会谈气氛愉快、顺畅，就两会互设办事处等取得共识。

预定一个半小时的两会领导人商谈延长了十多分钟。随后，海协会执行副会长孙亚夫与海基会副董事长兼秘书长高孔廉率两会协商人员转至五号楼的另一会场，共同主持两岸周末包机、大陆居民赴台旅游问题的磋商。两人均表示，希望通过协商达成共识文本，以便陈会长与江董事长在6月13日顺利签署协议，办好这两件两岸同胞期待已久、十分关心的好事。

就在两会就两项议题进行具体商谈之时，江丙坤偕夫人及海基会部分人员上午前往香山碧云寺拜谒孙中山衣冠冢，陈云林偕夫人及海协会副会长王在希等陪同前往。江丙坤一行下午还参观了北京奥运会水立方游泳馆及五棵松棒球场。

晚间，中共中央台办主任王毅在钓鱼台会见了海基会代表团。

两岸团结协作既是中华民族的幸事也是全世界的福音

6月12日，中断九年的两岸海协会海基会协商在北京重开，这标志着两岸关系在经历重重波折之后，迎来了希望的曙光。

过去九年，台海形势云谲波诡。1999年，李登辉公然抛出“两国论”，两会协商机制被迫中断。陈水扁上台后，推行“渐进式台独”，更让两会复谈看不到任何希望。“公投制宪”、“台湾正名”、“终止国统会运作”、“去中国化”、“入联公投”，“台独”势力玩尽花样，分裂活动步步升级，一时间海峡上空充满阴霾。

但两岸同胞同属中华民族的事实，注定了“台独”不得人心。陈水扁下台不到一个月，中断了九年的两岸两会协商就开始恢复，两岸同胞期待已久的大陆居民赴台湾旅游协议和海峡两岸包机会谈纪要就已经签署。两会复谈并取得重要成果，既是两岸同胞追求共同繁荣发展的结果，也反映了中华民族强大的凝聚力。

在过去的八年里，陈水扁在政治、文化、教育等领域大搞“台湾正名”、“去中国化”。可两岸人民同宗、同源的血缘亲情又岂是轻易可以去掉的？不管在大陆，还是在台湾，两岸同胞都说中文、写汉字，都在吟咏李白、杜甫，都在遵奉中华传统。过去60年，中华民族的自我认同一直是两岸同胞的主流。5月12日汶川大地震发生后，台湾同胞踊跃捐助，并组织救援队深入灾区参与抢险救人，正是中华民族凝聚力的表现；今天，两会在北京复谈，并迅速达成协议，同样是这种凝聚力的表现。

兄弟阋于墙，外御其侮。中华民族迸发出强大的凝聚力，也是对面临的共同挑战作出的反应。当今世界，全球化的潮流不可阻挡，能源、粮食、环境危机此起彼伏。面对这些全球性挑战，携起手来，团结协作，是两岸同胞的明智选择。两岸合作，可以推动大陆和台湾经济共同发展，提高人民福利，促进社会和谐。海峡两岸的和解共荣，也可以为亚太地区的持久和平与繁荣带来希望。可以说，海峡两岸的团结协作既是中华民族的幸事，也是全世界的福音。只要我们时时以民族大义和人民福祉为念，两岸就一定能够“建立互信、搁置争议、求同存异、共创双赢”。

两岸迈向成熟理性
共创双赢可以期待

经过协商，海峡两岸关系协会与海峡交流基金会于6月13日在北京签署了《海峡两岸包机会谈纪要》、《海峡两岸关于大陆居民赴台湾旅游协议》，两岸周末包机和大陆居民赴台旅游问题已形成解决方案。此外，两会还达成互设办事处和共同开发两岸能源的共识。

两会商谈取得实质性进展，其意义值得品味。在中断交流九年以后，海峡两岸的两个重要半官方民间机构，重新坐到一起展开谈判，这本身就富有高度象征性，表明两岸关系已发生积极变化。

形势比人强。两岸关系的大势已经非常不同于以往。在过去十余年间，祖国大陆在经济上继续取得高速增长，国民生产总值到去年年底已名列世界第四。不仅如此，祖国大陆与周围东亚国家的经济合作水平，进入新世纪以来也在迅速提升，与东盟国家拟议建立自由贸易区、牵头开发大湄公河次区域，这些行动使祖国大陆在推动东亚经济发展中起到了举足轻重的作用。台湾地区的经济社会发展同样离不开东亚世界，缺少了祖国大陆和东亚的地缘经济环节，在日益重视经济地区化的时代，其长远发展就不会可能。

变化了的历史情势，促使两岸要走出既往格局，而要开创合作共赢的新局面。两岸重启两会接触商谈模式，所反映的一个重要事实，就是两岸对应该和如何建立良性的关系状态，已形成很多成熟理性的考虑。这又体现在日前两会所达成的协议中，周末包机和大陆居民赴台旅游问题的解决，将更加方便两岸间的经济和人员往来，进而使两岸间的经济联系更为紧密。在此基础上，两岸未来直航前景更加乐观。而两会还决定互派代表及将接触交流制度化，这则将两会以往的运作模式向前推进了一大步，两岸之间的协商渠道将更为通畅便捷。

观察目前的两会协商谈判，达成周末包机和大陆居民赴台旅游协议当然可圈可点，但从两会达成协议和拟议将两岸合作交流制度化的举措中，人们还可以明显感受到横亘在两岸之间的战争阴云，已经开始逐步散去，而和平稳定的两岸关系，则徐徐展现在世人面前。这将为两岸尤其是台湾的经济社会发展，维护台湾同胞根本福祉，赢得极为有利的政治空间。毕竟人们不会到充满战争风险之地去开发、投资和旅游，但和平稳定却会迎来八方来客开展经济合作。

在过去的一段历史时期中，两岸在这条路上走过了曲折的道路。在今天否极泰来、两岸关系重现曙光之时，两岸自然更加珍惜这种来之不易的合作交流局面，在今后致力于对它进一步巩固发展。而其必不可缺的路径之一，则是继续增进两岸间的共同利益。在这次两会商谈中，两岸还计划共同在台湾海峡探勘油田，开发两岸能源。这种合作如果成功，无疑将使两岸间有更多的共同利益，有这种共同利益作为纽带，两岸还可能在此基础上联手开展更多的合作。而经济上的相互联结，相信还会产生溢出效应，将软化诸多分歧，使两岸未来的政治合作成为可能。

两岸民众都在期待两岸关系从此进入新篇章，相信两岸的政治家会为开创共同的历史，做出更多努力。

岛内舆论热期两会复谈

海协会和海基会的复谈，受到了台湾岛内舆论的高度关注，舆论期许两会复谈取得成果。

台湾《联合晚报》6月11日发表社论指出，这次的两会复谈“修补了李登辉时代后期断开的两岸关系”，也是“陈水扁时代做不到的事”，意义重大。社论说，临出发前夕，马英九送了代表团一句话：“大家都在写历史”，显然抱着高度期待。海峡两岸的媒体和人民也都给予高度的关注。

社论指出，要说“突破”，这次复谈在形式上的突破确实很大。社论指出，持平而言，这次的复谈修补了李登辉时代后期中断的两岸关系，也重启了陈水扁八年做不到的事。如果台湾始终停滞在民进党的坚持，那台湾将继续停滞不前，岛内必将经济更加惨淡，人心更加荒凉！李登辉时代中断的事，陈水扁时代做不到的事，如今在马英九时代恢复了，此事意义重大，如果反对党还咬住“未能坚持主权”，恐怕是不公平的，也是无稽之谈。

当然，不论是马英九或江丙坤，若要使这次的两岸两会复谈确实能够“写下历史”，就得证明它确实会为台湾带来利益。双方应该释放出更多的诚意，互利互赢，为海峡两岸的和平发展谱写历史性的篇章！

台湾《中国时报》在相关分析文章中提出，两岸以“九二共识”为复谈基础，跨越了政治纷争，两会恢复接触后的关键在于如何有效地巩固复谈后的谈判机制。该报刊发的另一篇评论文章则说，两岸关系正面对着

“百年难得一见的机遇”。

台湾《新生报》的评论文章说，两会复谈将再度登场，“不知多少人盼了多少年的两岸关系改善，就在这几天内开启一连串的契机”。两岸周末包机和大陆居民赴台旅游“不再是嘴上说，而是指日可待的行动”。“和以往八年的陈水扁时代相比，或再往前推至李登辉时代‘两国论’的情境，简直不可同日而语。两岸在这过程中，虚掷了不少宝贵时光，今日重启良性对话，益感弥足珍贵。”“两岸当前该做的就是搁置争议，求同存异，形成最大的共识，不断开启海峡两岸共享的最大机会”。

两岸同胞血脉相连命运与共

在国共两党和两岸同胞的共同努力下，两岸关系发展面临着难得的历史机遇。和煦的春风再度吹拂台海，曾经覆盖在两岸沟通之桥上的积雪开始融化，两会将于今日正式恢复协商谈判。两岸同胞欣喜地看到，断桥不断，仍将通连两岸，造福两岸同胞。

九年来，两岸关系曾经阴霾密布、乌云飞渡，如今终于拨云见日、雨过天晴。这当中固然有大陆方面和岛内反对“台独”、坚持“九二共识”、主张发展两岸关系的坚持。但其根本原因则是两岸同胞血脉相连、命运与共，这是任何人都不能改变的。尽管分隔了许多年，但两岸同胞之间的“心桥”从来不断，也永远不会断。

初夏之时，蕙风和畅。两会恢复往来与商谈，并且有望取得实实在在的成果，延续新形势下两岸关系和平发展的好势头。人们有信心期待“两会”此次协商顺利成功，更有理由期许今后两岸沟通之桥越走越宽阔、越来越顺畅，“为同胞谋和平，为两岸创双赢，为台海争和谐，为中华开太平”。

台湾《联合报》报道，会谈和下榻地点及行程等相关安排，有循往例，也有打破惯例之处，兼具传承与开创的用心。

在打破惯例方面，以往海基会都是经香港到大陆，这次打算首创经澳门到大陆。一方面澳航可以换班号不换机，一机到底飞北京，既方便又能凸显两岸此次要协商周末包机的意义；另一方面也彰显，两会的复谈是在“澳门协商模式”的成功基础上扩大发展。

在循往例方面，已故海基会董事长辜振甫十年前访问北京，行程之一是到香山碧云寺祭拜孙中山衣冠冢。这次江丙坤在北京期间也将到香山祭拜衣冠冢，传承此一象征意义。

另外，过去两岸两会秘书长协商就在钓鱼台国宾馆。这次复谈由两会最高领导人上阵，层级和政治意义更上一层，地点当然要安排在钓鱼台国宾馆。

台湾《联合报》6月12日发文说，此番江陈会“多了相依的氛围”，在江丙坤和陈云林的努力下，可以再创新局，希望两会重新携手是“云清日明，乾坤调和”，在双方努力下可以再创新局。

该文并说，和当年辜汪两会交手最不一样的是，两会拼场的记者会没了，各自发表新闻稿较劲的味道少了，反而是彼此作球多了，陈云林与江丙坤都在强调两岸、两会那种相依相存的微妙关系，小心地握着这难得的契机与氛围，谁也不要轻易弄翻了它。

台湾《中时电子报》刊登署名朱蒲青文章《江陈会谈，开启历史新页》说，海峡两岸两会中断十年的僵局，今天开启历史新页。江陈会谈有其历史意义，而两岸民众也盼透过这项实质协商结果，为双方往来，带来实质便利性。

该文说，“520”后两岸紧张关系缓和下来，双方都尽力去营造两岸复谈的和谐氛围，包括之前的博鳌论坛，连战、吴伯雄访大陆，大陆方面都尽力展现这样的形象。包括周末包机和大陆客来台两项议题，在大陆释出善意的情况下，预料可以达成目标。

文章说，两岸两会为了复谈的历史意义的确做了诸多努力，一切以搁置争议、求同存异、共创双赢为最高指导原则。未来可以预期有关两岸实质协商，也会以两岸民众需求继续铺陈，逐项解决松绑。

东森新闻报道称，陈云林和江丙坤在复谈开始前各自发表谈话，并且以握手长达10秒钟，为见证历史留下弥足珍贵的画面。陈云林和江丙坤以握手逾10秒钟的方式，见证了两岸两会中断近10年，重启协商的画面。

台湾TVBS新闻台在今天的直播过程中不断插播两会会谈的最新消息，并多次与派驻北京的记者连线，报道中也专访了相关学者，对两会复谈进行解读。

台湾“中央社”在新闻稿中更是以“两岸两会复谈，江陈会相见欢”来突出会面的轻松气氛。

期望两会多组人马加快协商

据台湾“中央社”报道，台湾海基会董事长江丙坤结束两会复谈协商行程返台后，6月14日晚间来到马英九办公地向马英九报告此行的收获。马英九表示，江丙坤访问大陆已经建立制度化的沟通管道，期盼未来两会可以用最有效方式，同时进行多组谈判，相信对双方都是有利的。

据台媒报道，海基会董事长江丙坤完成两会复谈后，下午返抵台湾。马英九、萧万长、刘兆玄等人晚间接见了江丙坤、副董事长兼秘书长高孔廉等人。

马英九表示，江丙坤这次前往大陆建立正式沟通管道，而且是制度化的管道，所谓制度化也可以分层次，看议题重要性，或在大陆或在台湾都可进行。

马英九还说，如有必要，也不排除同一时间双方不同组人各谈两三个议题，同时进行，不必每次谈一个议题，却派一大堆人去，这应只是刚开始的作法。他说，以后就可分散，针对不同议题同时协商。他说，两岸之间真的是百废待举，要谈的问题很怕赶不上民众期待。

关于新航路的问题，马英九说，民众都希望不但直航，而且要最短距离，他也希望这样，这问题不谈是不行的，谈了以后还要知会国际民航组织，而且要公告，还有一大堆后续程序。

马英九还请台当局“陆委会”适度让民众知道，不是因为当局偷懒或忘记，因为这是非常专业技术性的问题。两会谈判在大家有共识后，就用最有效方式，同时进行多组谈判，对双方来讲都是有利的。

香港舆论高度评价
海协会海基会恢复商谈

海峡两岸关系协会与海峡交流基金会6月12日在北京钓鱼台国宾馆进行两会恢复接触后的首次商谈。香港和澳门舆论对此予以高度评价，认为两会复谈象征着两岸关系发展的一个新的里程碑，并期许会谈取得积极成果。

香港《文汇报》6月12日发表题为《两会正式复谈启务实对话新局》的社评。社评说，海协会与海基会复谈为未来长远的两岸关系营造良好气氛，奠定坚实基础。两会复谈的深远影响在于扭转两岸长期对抗的局面，推动两岸协商制度化及常态化，进一步增进两岸同胞之间的相互理解和感情，从而为两岸关系的和平发展创造更可靠的基础，也为长久保持台海和平提供更有利的条件。

香港《大公报》在报道中认为，海协会与海基会重启会谈，被视为当前两岸关系改善和发展的重要标志，同时意味着两岸关系迈向新的高点。《大公报》还特别报道了台商对两会复谈的期望。大陆台商在接受采访时表示，盼两会复谈犹如“大旱之望云霓”，希望海协会与海基会在这次协商两岸周末包机和大陆观光客赴台旅游两项议题的基础上，尽快落实两岸货运包机直航等议题，最终实现两岸全面直接“三通”。

香港《明报》6月12日以大半版的篇幅报道了有关两会复谈的消息，并在相关报道中指出，此次两会中断九年多之后的恢复协商，开启了两岸制度性协商的历史新页。《成报》的评论文章说，希望海协会与海基会的复谈未来能形成一种模式、制度，这样对实际解决两岸之间的问题，会更有助益。《太阳报》发表题为《海协会海基会复谈，要走稳第一步》的评论文章说，外界对此次两会复谈期望甚高，希望会谈能够为台海的和平奠定基础。

两会复谈
揭开两岸关系和平发展新篇章

6月12日上午，陈云林与江丙坤举行会谈，气氛良好，双方达成多项共识。这是国共两党近十年来的首次会谈，标志着中断九年的两会制度化协商正式恢复。两会复谈，揭开了两岸关系和平发展的新篇章。

《澳门日报》今日发表社论指出，陈云林和江丙坤隔着谈判桌的握手，距离1993年已有15年，距离1998年也将近10年。九年前，两会接触商谈因李登辉抛出“两国论”而被迫中断。2000年上台的民进党挑衅两岸

□ 6月13日上午，陈云林与江丙坤在北京钓鱼台五号楼签署“两岸周末包机”和“大陆居民赴台旅游”协议。

关系，两会商谈停滞八年。就是在两岸关系处在十分困难的情况下，大陆也没有放弃寄希望于台湾人民。通过搭建国共平台等多种渠道，两岸的民间交往仍然热络。今年3月后，国民党重新执政，台湾局势发生了积极变化，两岸关系发展面临着难得的历史机遇。6月11日，海基会应邀如期率团抵京。在两岸同胞的热切期待中，中断近十年的海协会与海基会协商正式恢复。

社论说，两岸协商谈判能否顺利进行，是两岸关系是否改善与发展的重要标志。新形势下两会协商，应该牢牢把握两岸关系和平发展的方向。两岸关系经历过漫长的蹉跎岁月，需要解决的问题很多。怎样打响第一炮，增强信心，十分重要。根据“先经济后政治，先易后难，循序渐进”的精神，两会务实规划近期协商议题和步骤。本次会谈先解决双方关切的事宜，达成一致意见，并签署协议。两岸协商谈判的重要成果，不但将回报两岸同胞的期盼，而且也续写出两岸协商谈判的历史新章。

开办两岸周末包机、实现大陆居民赴台旅游，顺应了两岸同胞要求加强交流合作的共同愿望，对于带动两岸经济发展和社会繁荣、密切两岸同胞交往、增进两岸同胞福祉意义重大。在两岸交流发展的大趋势下，两岸包机直航、大陆居民赴台旅游，将是一个不断开放、扩大、完善的过程。两会的每一个成就，都是取信于民的过程，都需要精心规划，全力以赴。两会进一步正常化、制度化的往来，对两岸关系未来发展具有指标性的意义。有了首次复谈的良好基础，将来两会继续秉持“建立互信、搁置争议、求同存异、共创双赢”的精神，平等协商，积极沟通，扩大共识，务实解决两岸同胞关心的各种问题，也就有路可循。相信借由两会正常互动，一定能够增进两岸民众福祉。

社论指出，海协会与海基会除了根据两岸民众要求的轻重缓急和条件成熟的状况，早日安排今后两会协商议题和步骤之外，加强两会协商，加强两会交流也十分重要。两会互设办事处，是这次会谈的一大跨越，令人鼓舞。将来两会加强互访，开展多层次的经济、文化、社会交流活动，有助推动两岸人员往来和经济文化交流迈向新层次、新水准。

江丙坤已邀请陈云林今年内率团到台湾访问。相信有两岸同胞追求两岸关系和平发展的共同愿景作动力,两会协商一定能够成为新形势下推动两岸关系改善发展的重要平台,为开创两岸关系和平发展新局面发挥重要推动作用。

美国《世界日报》
两岸猿声啼不住　轻舟已过万重山

美国《世界日报》6月11日刊登社论指出，两岸猿声啼不住，轻舟已过万重山。用这两句古诗来形容江丙坤登陆，海协会海基会两会在时隔九年后，正式展开复谈，可谓再贴切不过了。

今天的两会复谈，或许没有媒体津津乐道的“风花雪月”、“擦出火花”，但却相当务实，在共识已成，授权充分的情况下，一谈，必然是成果沛然。如果说两会复谈还会有“意外”，那这个意外就是两岸交流的速度或许比想象的更快，范围更广，规模更大。

社论说，陈水扁执政八年，谋求“台独”，“锁岛”八年，不但导致台湾的经济走向衰亡，从“亚洲四小龙”之首滑至末尾，更使得两岸关系十分紧张。因此，马英九在3月赢得“大选”之后，出于各方考虑，也出于民意的导向，立刻各方布局，让业者在澳门与大陆接触。对于海峡两岸的同胞而言，在时隔九年后，终于得到了缓和两岸关系的重要契机。

社论分析，两党采取的更务实的姿态推动两岸关系，排除“台独”隐患，这对海峡两岸来说，是相当重要的。这就营造了双方“一见钟情，一拍即合”的氛围。民进党批评马英九走得太快，实在是对两岸的局势缺乏了解，从“汪辜会谈”以来，面对全球化的进展，两岸各界等了多年，“久旱盼甘霖”，这还算太快吗？如果真的要把失去的时间补回来，两岸还得快马加鞭。

两会复谈，气氛融洽，把酒言欢，这是迟来的“蜜月”情浓意更浓。轻舟过了政治上的万重山，未来交往，两岸还要过心理上、感情上、互信上的千重山，只要双方真诚努力，登高望远，终可享受到海峡和平共处，互利双赢的良辰美景。

美国对两会
正式恢复协商谈判表示欢迎

美国国务院发言人加列戈斯6月12日表示，美方对海峡两岸关系协会与海峡交流基金会协商谈判正式恢复表示欢迎。

美国国务院例行简报会上，加列戈斯回答媒体询问时简单地说，美国认为两岸对话等进展“对双方朝向和平化解争议是非常重要的”。他说，美国了解两岸两会这次谈得很好，美国期盼双方继续这样的对话。

另外，美国国务院熟悉东亚事务的官员表示，美方一直呼吁两岸经由建设性的对话以降低紧张，目前的发展符合美国期待。该官员并引述美国总统布什的话：台湾今年3月选举结果提供了机会，让两岸可以对话、互动，以和平方式化解分歧。

美国中文日报盛赞两会达成协议

美国主要中文日报6月13日均以头版头条报道海峡两岸关系协会和海峡交流基金会达成《海峡两岸关于大陆居民赴台湾旅游协议》和《海峡两岸包机会谈纪要》。

美国《侨报》在头版的消息称，两会复谈，美国表示欢迎。6月13日，美国国务院新闻发言人在回答相关提问时表示，“我们相信这对双方合作和平解决台海问题是重要的，我们的理解是他们进行了好的会谈，希望他们将来继续下去。”

《世界日报》的社论称，历史正从这里开始改写，我们期待这不仅是一个开始，而且是开展两岸未来良性互动的具体指标。社论说，这两项协议既是马英九选举政见的兑现，也是1981年北京发布“叶九条”以来，力促“三通”的具体实践。这是一个值得期待开花结果的开始，未来的考验或许依然会有不少曲折，但只要方向不变，应是中华民族皆乐观其成，一件值得大书特书的历史大事。

两岸关系里程碑

海峡两岸关系协会与台湾海峡交流基金会于6月12日正式恢复协商谈判，并于6月13日签署《海峡两岸包机会谈纪要》与《海峡两岸关于大陆居民赴台湾旅游协议》两项文件，受到国际媒体瞩目。

国际媒体密切关注两会恢复协商谈判，大都以“历史性谈判”、“里程碑协商”等说法形容两会复谈的重大意义。

法新社说，两会协商，旨在缓和两岸紧张，而“建立两岸之间频繁直航的共识，最终将结束两岸班机必须停降香港的耗时作法。”法新社并引述日本外务省新闻秘书儿玉和夫发表的声明，他说，台湾海峡的和平稳定，对东亚地区以及全世界都很重要，日本盼望海峡两岸各方的直接对话，会“使与台湾有关的争议获得和平解决”。

美国有线新闻网（CNN）引用美联社新闻，将两岸关系这项新进展列为财经类新闻。英国国家广播公司（BBC）也持续报道这则新闻。

日本媒体显然更关注两岸关系任何新动态，共同社发自北京的英文稿说，两岸“签署划时代的直航及旅游协定”。

韩国《朝鲜日报》则表示，“两岸关系发生了实质性变化”。

积极评价海协会与海基会复谈

海峡两岸关系协会会长陈云林与海峡交流基金会董事长江丙坤6月12日在北京举行两会恢复接触后的首次协商谈判，并于6月13日签署相关纪要与协议，海外媒体对此高度关注，并予以积极评价。

法国巴黎出版的华文报纸《欧洲时报》6月13日发表评论员文章说，6月12日，象征着两岸关系晴雨表的“两会会谈”在中断九年多之后，在北京展开复谈。海协会会长陈云林与海基会董事长江丙坤在会谈开始前长达36秒钟的握手似乎在向世界宣示，这次迟来的再握手是成熟、坚决且有力的。两会领导人九年多来的首次会谈，标志着长期中断的两会制度化协商正式恢复。

菲律宾主要华文媒体6月13日积极评价两会复谈，认为这为两岸今后继续商谈创造了良好的条件。《世界日报》在题为《两会复谈成果丰硕》的社论中说，陈云林和江丙坤6月12日分别率领海协会和海基会协商代表团，在北京钓鱼台国宾馆会谈，双方分别阐述了对发展两岸关系的看法，并就今后两会的工作进行了规划，议题广泛，达成了多项共识。社论说，两会恢复商谈并达成多项共识，表明了两岸人民盼望增加交流和发展关系的愿望。《商报》认为，两会复谈揭开了两岸关系新的一页。

美联社、法新社和路透社6月12日播发大量稿件，对两会复谈予以积极评价。法新社的报道认为，会谈旨在巩固双方迅速和解势头和建立贸易关系，是一个“积极开端”。路透社的报道说，两岸周末包机将从7月

4日起正式实施，这将是60年来的首次。陈云林应邀将在年底访台，显示出两岸关系达到数十年来最亲近的水平。

日本共同社6月13日的报道认为，陈云林在会谈中突出了“中华民族”和“和谐”，会谈始终充满友好气氛。《每日新闻》刊文说，两岸将从事务层面开始重建关系，此次会谈能够成功，是由于两岸一致认为应当以建立制度框架为起点，重新构筑双方关系。

土耳其阿纳多卢通讯社在报道两会领导人6月13日签署《海峡两岸包机会谈纪要》与《海峡两岸关于大陆居民赴台湾旅游协议》时说，两会领导人签署了历史性协议，为恢复已经中断几十年的交通联系向前迈出了一大步。

此外，阿尔及利亚官方的阿尔及利亚新闻社也对两会复谈予以了高度关注，并将《海峡两岸包机会谈纪要》的签署作为6月13日上午“国际热点新闻”栏目的头条重要新闻向读者重点推荐。

两会复谈备受瞩目
两岸关系进入全新阶段

新加坡《联合早报》6月11日刊发报道说，备受瞩目的两会复谈明日在北京正式登场，两岸关系也将宣告进入全新的阶段。

报道认为，这次谈判成果几乎没有悬念，延宕多时的周末包机和大陆观光客赴台计划终将在后天签署协议。

率领台湾谈判团队登陆的海基会董事长江丙坤6月10日在行前记者会上形容："当前的两岸形势，是自1998年上海'辜汪会晤'后最有利的复谈时机，也是重启两岸制度化协商管道、改善两岸关系最好的时刻。面对这个历史机遇，我们都要做好准备。"

1998年10月，已故前海基会董事长辜振甫与前海协会会长汪道涵在上海会晤，是两会领导人最后一次的正式会面。李登辉在1999年发表"两国论"导致两会中断接触至今。

江丙坤透露，此行将当面邀请海协会新任会长陈云林"在他方便的时候"到台湾访问。

报道特别提到，海基会如今已不再是过去近十年的"冷衙门"，昨天的记者会现场爆满，突显海内外媒体对此行的高度重视。

珍惜新局　共创未来

两岸关系的史册上将浓墨重彩地记录这划时代的一天：2008年11月3日，海峡两岸关系协会会长陈云林一行跨越海峡、踏上宝岛的土地——两岸两会最高领导人历史性的首次台北会谈由此拉开帷幕，两岸关系在和平发展的轨道上就此迈出关键而重要的一步。

本着深化两岸经济合作、共谋两岸同胞福祉的良好愿望，这次万众瞩目的两会协商将主要处理两岸空运直航、海运直航、邮政合作、食品安全等议题，每一项议题的成果，势必都会造福同胞、惠及两岸。历史性的会谈，聚焦了亿万同胞的关切、祝福和期待。

今年以来，在两岸同胞共同努力下，台湾局势发生了重大的积极变化，两岸关系不断跨越新的里程：5月，中国国民党主席吴伯雄率团访问大陆；6月，海协会与海基会成功复谈；7月，大陆居民赴台旅游和周末包机启动；8月，两岸同胞同享奥运荣耀；如今，两会制度化协商正迈出重要而关键的一步……在冲破了数年的“台独”阴霾之后，两岸关系在2008年呈现出“星垂平野阔，月涌大江流”的喜人势头。

当两岸关系处在又一个新的历史起点之际，我们首先应倍加珍惜眼前的新局面。为了这一天，两岸同胞已经期盼多年。超过半个世纪的人为阻隔，已经让那湾浅浅的海峡，埋藏了太多的思念、愁苦，实在不应再留下新的遗憾。就拿这次两会最高领导人的台北之会来说，其实早在约十年前即应由汪道涵、辜振甫两位老人完成，却因众所周知的原因一拖再拖，让两位老人抱憾终生……而两岸之间，未来还有多少个十年、有多少生命可以蹉跎呢？

在经历了两岸关系的风云变幻、乱云飞渡之后，我们更应认识到，眼前这种“雨过天清朗”的两岸新局得来不易，需要我们维护、发展。近十多年来，面对“两国论”、“一边一国”、“去中国化”、“入联公投”等一波波“台独”分裂逆流，中华儿女众志成城，坚持一个中国原则决不动摇，反对“台独”分裂活动决不妥协，付出了巨大努力；以两岸和平发展为共同愿景的中国共产党、中国国民党等有关政党，不负时代和人民的重托，为推动两岸交流、共同维护建设我们的美好家园、增进两岸同胞的福祉，排除干扰、倾心劬劳；在两会就陈云林会长年内访台达成共识之后，这一有利于两岸关系和平发展的既定安排，却遭到了岛内少数“台独”分裂分子的蓄意干扰和破坏，只是这种行径不得人心，阻挡不了两岸同胞加强交流合作的步伐。

“及时当勉励，岁月不待人”。简要梳理十多年来两岸关系的发展脉络，既是让人们珍惜如今的难得历史机遇，更重要的是提醒我们：黄河九曲，终向东流，两岸关系向前发展的历史洪流是挡不住的。惟有顺应民心和历史潮流，以民为本、为民谋利，不断加强两岸交流交往，持续推动两岸关系和平发展，才能让我们“不畏浮云遮望眼”，在开创中华民族美好未来的道路上稳步前行。

不断通过协商谈判解决问题，正是两岸关系和平发展的内在要求和重要内容。特别是在当前面对国际金融风暴冲击的时刻，两岸迫切需要对话，需要沟通，需要双赢。让我们期勉、祝愿这次会谈顺利、成功，为台海争和谐，为中华开太平！

台报热评陈云林访台：两岸关系和解与合作新里程

海协会会长陈云林 11 月 3 日率团访台。台湾各大报章今日纷纷刊发社论，评述“江陈”台北会谈的历史意义，并期待会谈取得成果。有评论就指出，陈云林的来台，象征着两岸关系由冲突与对抗进步为和解与合作的新里程。

和平共荣是历史的方向

台湾《联合报》社论指，海协会长陈云林今日率团来台，这是六十年

□ 11月3日，陈云林一行抵台，台湾民众在圆山饭店下方河滨公园，举标语欢迎。

来深具里程碑意义的两岸大事。倘各方目光仅投注在陈云林来访时的台北街头扰攘，恐怕只是见树不见林；若能将视野拉高放大至一甲子以来的宏观时空架构，始能看出台北“江陈会”在大历史中的奇峰突起。

文章说，将台北“江陈会”置于六十年来“历史与现实”的坐标点上，可以看出两岸互动有一条由隐而显、由微而着的主轴线，那就是“民意与和平”。

文章认为，两岸“和平共荣”应是民意的共同归趋，也必是历史的方向。民意向往和平，两岸均须回应民意。两岸当局只要坚持“和平”的最高原则，两岸的互动即可能满足“共荣双赢”的民意；而两岸当局只要多置心力于“共荣双赢”的民意，两岸的“和平”即得以维系。

文章说，今日台北“江陈会”所站的“历史与现实”的坐标点，却无疑是正面的、进取的，也是足可庆幸与肯定的。可见，愈是经历摩擦冲撞，愈能淬砺探索出正确的方向，这个方向就是“和平共荣”。

务必让江陈会谈导向正面发展

台湾《中国时报》社论说，随着海协会长陈云林今天到访，江陈台北会谈的启动已进入紧锣密鼓的阶段，在未来的两岸关系史上，这场历史性的会谈会有怎样的结果与意义，未来这几天的发展，很快就会给我们一个答案。

文章说，首先，终究不要让这场江陈会谈沦为一场憾事，最起码该让它导向正向的发展。如果因为某些意料之外的突发事件，为两岸关系发展投下无可预知的变量，恐怕是谁也不乐见的结局。所以民进党如果强调要和平抗争，那么恐怕就得梳理好绿营内部的步伐，否则发生任何后果都得概括承受。

其次，要尽量回归到这次江陈会谈的真正主轴，切莫因为若干旁支的问题，模糊了整个焦点。毕竟两岸事务性会谈的结论是否顺利达成才应该是重点。

文章说，无论未来的历史会如何评价，“江陈会谈”都会是两岸长期互动中的一次重要的转折点，任何一方的参与者都会在这几天留下他们的轨迹，重点还是在于：台湾未来的发展，能否因此走得更宽广！

期待二次江陈会方圆有度

台湾《经济日报》社论说，海协会会长陈云林今天抵台，明天将与海基会董事长江丙坤举行第二次江陈会谈，并签署海运、直航、通邮及食品安全四大协议。

文章说，陈云林访台，对两岸关系、台海和平、区域稳定都具有高度意义，广受国际瞩目。总体上，两岸关系正常化是台湾经济所需，我们欢迎陈云林来访，也期待台湾民众待之以礼，但更期待二次江陈会方圆有度，彼此勿失礼也勿失节，为持续的良性互动继往开来。

陈云林来台协商参访的历史意义

台湾《工商时报》社论说，众所瞩目的海基会与海协会台北会谈，今天将随着海协会会长陈云林等一行六十人抵台而正式登场。在这规划的五天访台行程中，陈云林会长等一行人，将与台湾相关单位签署有益两岸经贸发展的四项协议，也将借着金融等座谈会的召开，凝聚海峡两岸共识与力量，共同因应金融危机，更重要的是，陈云林的来台，象征着两岸关系由冲突与对抗进步为和解与合作的新里程。对陈云林会长等一行人的千里跋涉来台协商参访，我们预祝顺利成功。

文章说，在四项协议的签署与金融等座谈会召开的背后，陈云林的来台其实具有非常强烈的历史意义。文章说，以往海基、海协两会领导人虽曾多次会面晤谈，但见面地点在新加坡和大陆，曾经那么一次汪道涵有机会来台，却遭李登辉以“两国论”破局，随着陈水扁的“一边一国”论大行其道，海峡两岸的关系更由冰冻而对立甚至对抗。如今，虽然马英九执政不过五个多月，但两岸误会冰释、解冻，甚至热络至官员坐上谈判桌进行协商签约，两岸关系的进步几可以用“日新月异”形容。

香港舆论关注陈云林“历史性”访问台湾

海协会会长陈云林11月3日率团访台。今日出版的香港各大报章纷纷刊发社论文章称，这是一次“历史性的访问”。香港舆论期待此访能为未来长远的两岸关系营造良好气氛，奠定坚实基础，推进新形势下两岸关系的和平发展。

承前启后的历史性访问

香港《文汇报》社论说，海协会会长陈云林今天将率团抵台，展开历史性访问，将与海基会董事长江丙坤举行第二次“陈江会”，双方将就空运直航、海运直航、邮件直达与食品安全卫生等议题进行协商。这是两会协商第一次在台湾举行，标志着两会沟通管道进入制度化、常态化模式，为未来长远的两岸关系营造良好气氛，奠定坚实基础，对于推进新形势下两岸关系的和平发展，具有承前启后的重要历史意义。陈云林的访台活动，不仅有助进一步增强两岸的沟通交流，还将对于两岸携手抵御金融海啸的冲击，产生积极的推动作用。

拓展两岸关系和平发展双赢

香港《大公报》社论说，11月3日是两岸关系和平发展史上一个重要日子。大陆海协会会长陈云林率领六十人庞大代表团，踏上美丽宝岛台湾，开始5天访问。十年前汪辜两位前辈未圆的心愿如今成为现实，两岸中国人期待的第二次“陈江会”终于拉开大幕。这是一次历史性的访问，是大陆最高级别的对台事务负责人首次访台，也是两会首次在台湾举行协商谈判，标志着大陆海协会和台湾海基会顺利恢复了制度化运作，两岸关系进入了新里程。

文章说，陈云林顺利访台，第二次“陈江会”得以在台湾举行，两岸协商制度化得以实现，说明两岸关系和平发展不但“雨过天晴”，而且渐入佳境，也说明两岸和平发展及实现两岸同胞共同利益正在拓展深化。与此同时还充分展示，两岸完全可以在“九二共识”基础上，实现和解、和平、共同发展，完全可以在“建立互信、搁置争议、求同存异、共创双赢”方针的基础上迎来犹如春天般的金秋晴日。

两岸关系走向和缓的重要一步

香港《明报》社论说，这次历史性访问，是两岸关系走向和缓的重要一步。两岸从1949年起隔海对峙，直至1993年，大陆海协会会长汪道涵与台湾海基会董事长辜振甫，在新加坡展开海峡两岸授权民间机构领导人的历史性首次晤谈，从而推动两岸事务及经济商谈。后来在1998年10月，辜振甫率团访问大陆，并邀请汪道涵回访台湾，可是，后来李登辉抛出“两国论”，两会商谈基础严重受损，陈水扁上台后两岸关系更雪上加霜，回访一事遥遥无期。如今汪辜二人均已作古，这个十年之约，历尽波劫，在马英九上台后的今天，大陆海协会会长终于成行赴台，关注两岸和平之士既引颈以待，亦无不唏嘘感叹。

文章说，大陆海协会会长历史性访问台湾，定将被记入史册，但在两岸分治60年的历史、现实背景下，寄望陈云林“一举功成”，让两岸关系向前飞跃，无疑不切实际。

对台湾经济民生是大好事

香港《星岛日报》社论说，陈云林是首位访问台湾的海协会长，定于明日与台湾海峡交流基金会董事长江丙坤签署协议，涉及两岸直航、海运、邮件直达与食品安全卫生。这四项协议不但为台商往来大陆节省大量时间金钱，两岸货运节省大量成本，而且打破大陆访台旅客机位不足的瓶颈，将是力推台湾经济走出低谷的火车头，际此环球金融海啸打击台湾对美出口，两岸加强贸易更是雪中送炭的救生圈。陈云林此行有助巩固两岸友好基础，对台湾经济民生是大好事。民进党陈水扁执政八年做不成的，国民党马英九上场不足半年终于做到了。

文章也指出，两岸得以重返谈判桌，全面“三通”，缘于马英九重返海基与海协两会在一九九二年达成的共识。两岸得以突破僵局进行互动，是基于求同存异的共识，先易后难地解决问题。

两会签署四项协议
两岸“三通”框架成形

11 月 4 日 14 时，台北市圆山大饭店内灯火通明。海峡两岸关系协会会长陈云林与台湾海峡交流基金会董事长江丙坤同时开始在四项协议文件上一一签字。

现场鸦雀无声，静得仿佛能听到笔尖与纸张摩擦所发出的“沙沙”声；两会协商人员与媒体记者屏息凝神，只有相机的闪光灯亮成一片，争相记录这两岸同胞近 30 年翘首以待的历史瞬间。

□ 11月4日，海协会与海基会在台北举行历史性的会谈后，江丙坤赠与陈云林写有“和平协商，共创双赢”的匾额。

根据这次签署的《海峡两岸空运协议》、《海峡两岸海运协议》、《海峡两岸邮政协议》和《海峡两岸食品安全协议》，两岸将开通空中双向直达航路，使客运包机常态化并开通货运直航包机，两岸将相互开放主要港口进行海运直航，还将实现直接通邮，同时建立重大食品安全事件协处机制。

正如中台办、国台办主任王毅在为陈云林赴台送行时所说，这四项协议顺利签署后，两岸大体上就能完成“三通”（通邮、通航、通商）进程，这将为今后两岸关系更加全面发展提供必要的条件和基础。

这意味着，由1979年全国人大常委会《告台湾同胞书》所首倡的两岸“三通”主张，在两岸同胞持续不懈的共同努力下，终于经两岸制度化协商而搭起了框架。

安静的签署仪式现场，时间似乎暂时静止。5分钟的签字过程显得如此漫长，但是相对于两岸隔绝不通的几十年蹉跎岁月而言，这短短一瞬间却跨越了截然不同的两个时代。所有协议签署完毕后，在场的两会主要领导人举起酒杯，斟满美酒，额手称庆，笑逐颜开。

根据《海峡两岸空运协议》，两岸客运包机将在原有周末包机的基础上，增加航点、班次，调整为常态化包机。运载两岸货物的两岸货运直航

□ 11月3日，前往机场迎接海协会访台的车队，经过台北市一个路口时，警方实施了交通管制。

包机，也将飞航于两岸多个航点城市之间。

根据《海峡两岸海运协议》，大陆方面开放63个港口、台湾方面开放11个港口作为直航港口，两岸船舶经许可后可从事两岸间客货直接运输。

根据《海峡两岸邮政协议》，两岸邮件将不再需要经第三地转包，而是通过空运或海运直航方式将邮件总包直接运送至对岸。

根据《海峡两岸食品安全协议》，双方同意相互通报食品安全信息，遇到重大食品安全事件时将即时沟通并协调处理。

“如果我们的努力能让两岸关系和平发展的航船承载着两岸同胞的共同利益，驶向互利双赢的彼岸，我们将为此感到无限的欣慰和荣光。”陈云林当天上午充满激情的话语言犹在耳，两会制度化协商便已继实施两岸周末包机和大陆居民赴台旅游之后，再度交出一份令两岸同胞咸感欣慰的亮丽成绩单。

协议签署后，海基会董事长江丙坤在记者会上表示，四项协议“大功告成”是两岸共同努力的成果，有助于提升台湾的经济竞争力和保障台湾民众的健康权益，有信心能够顺利付诸实施。

根据两会所达成的共识，下一步两会将重点协商两岸金融合作问题，协商推进两岸经济关系正常化、紧密化，以逐步构建两岸经济合作制度化方向。

两会商谈成果对台湾经济确有实质贡献

备受瞩目的两会最高领导人会谈首度在台北举行并达成丰硕成果，岛内舆论连日来对此予以积极评价。

台湾《经济日报》的社论认为，两会协商对台湾经济确有实质贡献。从第一次“陈江会”达成的周末包机及大陆居民来台旅游协议，到这次签署的海运、直航、通邮及食品安全等四项协议，甚至提早协商的金融监理及合作等，“都是台湾企业引颈已久的开放政策”。尤其是海运直航及包机常态化经济效益最为明显，“有助降低两岸贸易成本、增进两岸货流、提升揽货竞争力，并强化台湾的亚太转运机能；金融、物流服务需求也将随之而起，带来更多的就业机会”。

该报还载文指出，陈云林访台对两岸关系、台海和平、区域稳定都具有高度意义，我们欢迎陈云林来访，也期待台湾民众待之以礼，为持续的良性互动继往开来。

台湾《中国时报》11月4日发表题为《两会历史性的一天，两会谈判新里程》的特稿表示，随着海协会长陈云林访台，两会领导人有来有往的交流互访，终于获得完整的实现！

台湾《联合报》的社论称，陈云林率团来台是60年来深具里程碑意义的两岸大事。两岸“和平共荣”是民意的共同归趋，也必是历史的方向。今日台北“江陈会”所站的“历史与现实”的坐标点，无疑是正面的、进取的，也是足可庆幸与肯定的。

台湾《工商时报》11月4日在醒目位置报道说，两岸迈入直航进程！该报3日还发表社论表示，陈云林来台象征着“两岸关系由冲突与对抗进步为和解与合作的新里程”。

连日来，本次两会会谈一直是台湾媒体的关注焦点。东森、中天、TVBS等电子媒体全天滚动播放相关动态，各大报纸也纷纷辟出多个版面对有关新闻进行全面解读。来自台湾方面的统计显示，报名采访此次会谈的台湾媒体记者超过800人，创下岛内新闻事件报道记者人数之最。

国际媒体评论“陈江会”历史性　划时代性

据台媒报道，虽然目前美国总统选举举世瞩目，但许多国际媒体也相当关注大陆海协会会长陈云林访问台湾的消息，多以“历史性”、“划时代性”来形容这次的台北会谈。

据报道，二次“陈江会”台北登场，国际媒体十分关注。美国《纽约时报》强调，这是划时代的协议，英国《电讯报》强调台湾和大陆在原本敌对的关系下签署了贸易协议。

□ 11月2日，大批媒体记者在台北圆山饭店新闻中心领取采访证件，准备采访两会商谈。

至于几家知名的国际通讯社，美联社强调这次会谈的历史性意义，路透社也指出陈云林是60年来大陆访问台湾最高层级的官员，法新社则认为台湾和大陆未来经济关系将更为密切。

美国《华盛顿邮报》昨天的一篇报道也指出，陈云林访台具有重大政治意义，他是1949年后最高层级的大陆官员访问台湾，也是两岸首度在台湾土地上举办这样层级的会谈。

两岸关系进入新里程

海协会会长陈云林与台湾海基会董事长江丙坤11月4日在台北签署《海峡两岸空运协议》、《海峡两岸海运协议》、《海峡两岸邮政协议》和《海峡两岸食品安全协议》，受到澳门媒体高度评价。当地发行量最大的《澳门日报》11月5日发表社论指出，四项协议的签署标志着两岸交流从此揭开新一页，两岸关系进入新里程。

这篇题为《两岸关系又进一大步》的社论说，与两岸“三通”同样有着非凡意义的是海协会会长陈云林首次踏足宝岛，成为自1949年以来大

□ 11月3日下午，两会谈判团队在圆山饭店举行第二次预备性磋商，郑立中与高孔廉握手致意。

陆到台湾访问的最高层级官员。陈云林访台是一个里程碑，是“两岸关系处在历史上最好时期”的一个重要标志。

社论说，陈云林和江丙坤不负两岸人民的重托，此次“陈江会”签署的四项协议，对促进两岸经贸合作、便利两岸人民往来、提振台湾经济、保障两岸民众健康都大有裨益，是实实在在地为两岸人民谋福祉。

社论说，协议中，两岸截弯取直，建立空中直达航路，方便两岸民众往来，将大大降低两岸民众往来和空中货物运输的时间与金钱成本；开放两岸海运直航，大大降低两岸货运成本，促进两岸经贸发展；扩大两岸邮政业务范围，使两岸民众和企业享受到更好的邮递服务，联系更加方便；建立两岸食品安全协处机制，将有效保障消费者权益，维护两岸贸易健康发展。

两岸正式开启“三通”时代

海协会会长陈云林和台湾海基会董事长江丙坤11月4日于台北签署有关两岸空运、海运、邮政和食品安全的四项协议。香港报纸11月5日的社评认为，这标志着两会沟通管道进入制度化、常态化模式，正式开启两岸“三通”时代，有助两岸更紧密合作，创造双赢的未来。

香港《文汇报》题为《开启“三通”时代，加深两岸交流》的社评说，这是两会首次在台湾进行协商并取得实质性成果，标志着两会沟通管道进入制度化、常态化模式，正式开启两岸“大三通”时代，有助两岸更紧密合作，携手抵御全球金融危机，创造双赢的未来。陈云林一行在台湾的成功访问，将大陆方面改善两岸关系的愿望和诚意，直接传递给台湾人民，受到岛内多数民众的认可和欢迎。此行将进一步增进两岸互信和了解，加深两岸交流，对于今后两岸关系的全面发展，具有重要的历史意义。

社评说，岛内主要民调均显示，多数台湾民众赞成陈云林来台访问。连日来，台湾舆论也纷纷肯定，两会协商对台湾经济确有实质贡献，有助降低两岸贸易成本、增进两岸货流、提升竞争力，带来更多就业机会，是深具里程碑意义的两岸大事。

香港《大公报》题为《“三通”扩大两岸经济合作潜力》的社评说，11月4日在台湾举行了两岸间的一次历史性会议，海协会会长陈云林与海基会董事长江丙坤经会谈后，在两岸海运、空运、邮政及食品安全等方面取得重要共识，同意落实客货海运直航、邮件直接传递和扩大、改进航空直航等，给两岸交流带来了重要的突破，通邮、通商及通航的“大三通”将可实现，令两岸交流可加快向深度、广度发展。

社评说，“三通”的巨大经济效益及潜力无可置疑。目前两岸经贸合作规模已十分庞大，“三通”首先可为两岸间人流、物流提高效率，降低成本，有利于推动两岸合作。当然，“三通”的潜在效益并非朝夕间可全面浮现，但假以时日必有大成。更重要的是，由此建立的两岸间更多互惠、互信，将可拉近双方差异，减少分歧，为日后更多新型合作奠基铺路。

《香港商报》的社评说，两岸同胞苦候多年的两岸直接“三通”终于落实。海协会和海基会继今年6月重启会谈后，11月4日两会领导人首次在台北进行商谈，并成功签订四项协议。这是两岸关系史上的重要历史时刻，标志着两岸交流由此走进了直接“三通”的新阶段。

社评说，值得注意的是，这次两会在迈出历史大步的同时，也承前启后为下轮商谈制订了初步议程。在“三通”的基础上，双方将积极建构两岸经济关系正常化、紧密化和制度化，并进一步在经贸、金融、社会、民生等各领域加强交流，包括两岸金融、渔工劳务、动植物检疫、产业等的合作，以及共同打击犯罪、双向投资及投资保护、知识产权保护和媒体记者常驻等问题。

香港《明报》的社评说，海协会会长陈云林历史性访问台湾，两岸实现全面“三通”再迈进一大步。两岸经络打通之后，11月5日举行的金融和工商航运两场座谈会，显示朝着更深层次经济整合方向发展。

台湾舆论
高度评价两会台北会谈成果

两会台北会谈于11月7日落幕，连日来台湾各大报纸接连发表社论、评论，认为这次会谈宣告两岸关系向和平发展迈出一大步，空运、海运、邮政、食品安全四项协议正式生效后，两岸交流互动将呈现新局，后续效应更将使两岸关系进入崭新境界。

台湾《中国时报》发表社论说，对两岸关系而言，这是历史性的文件，代表两岸"三通"将在文件生效后，正式上路；对两岸人民而言，时间成本与飞航成本即刻降低，初步估计每年至少节省逾30亿元新台币。社论指出，人民的共同利益，本来就该是政治人物置于心头的最优先事项，正面看待台北会谈四项协议的成果，两岸确实可以共创经济荣景。

该报还发表署名评论文章，赞许空运直航协议的签署为两岸航空市场带来新契机。文章说，当前正值全球航空界一片哀号的时点，此项新协议替两岸航空界注入活水。业者期待两岸关系日渐友好，能带给两岸航运市场更多的契机。

台湾《经济日报》发表题为《两岸向和平发展迈出一大步》的社论指出，两岸海空直航不仅是台商及大多数人民多年来的期待，也是在台美国、欧洲商会近年来的强烈建议。一旦落实，将促使两岸经贸朝正常化发展，降低客货运送时间与成本，有助两岸产业分工、台湾产业结构的改善。

台湾《工商时报》连续三天发表社论，阐述两会台北会谈的正面意义。

5日的社论针对四项协议指出，此举不只将使相关议题的两岸交流互动呈现新局，后续效应更将使两岸关系进入崭新境界。6日的社论针对两岸工商及航运座谈会、两岸金融座谈会指出，两岸人士对集合两岸金融人才、资源与经验，共同对抗金融海啸及携手进军世界市场，存有高度共识。7日的社论总结了陈云林一行访台的成就，指出除了象征意义外，实质层面亦有多项建树。

两会签署四项协议
各方高度肯定陈云林访台成果

海协会和海基会11月4日在台北签署四项协议，两岸“大三通”格局基本成型。两岸双赢，成果斐然，有目共睹，岛内外各界及媒体一致对此给予高度肯定。

两岸缓和　值得庆祝

美国主要报纸11月4日纷纷报道“陈江会”。《华盛顿邮报》说，这是一次历史性的访问，具有重大政治意义。《纽约时报》说，陈云林与江丙坤签署四项协议，此举将使海峡两岸更加紧密地合作。《华尔街日报》说，中国大陆与台湾签署的协议将大大消除一些限制两岸经贸交往的最大障碍，也是台湾和海外企业界盼望已久的事情。该报11月5日的“回顾与展望”专栏指出，全球金融危机愈演愈烈，而台海之间的紧张倒是降低了，两岸紧张关系的缓和值得庆祝。

法国《欧洲时报》11月5日发表题为“陈云林一声‘兄弟’连结两岸深情”的评论文章。文章说，陈云林的台湾之行标志着两会制度化协商进入新里程的开始，同时也是两岸关系发展的重要一步。

外商评价　效果明显

瑞银、美林、野村等在台三大外资券商表示，两岸“大三通”对台湾经济所带来的实质效应，等到明年下半年会开始显现出来。

美商美林证券台湾区研究部主管程淑芬认为，“江陈会”签署的四项协议，长期而言可以避免台湾经济遭到边缘化危机。野村证券台湾区研究部主管曾雅兰说，两岸政策进一步解禁会为台股带来结构性的投资价值提升行情，而要落实到企业获利，则非一蹴而就。瑞银证券台湾区研究部主管董成康认为，两岸政策开放对台湾经济效益到明年下半年会浮现。

街头闹事　令人不齿

在各方舆论与有识之士纷纷对“陈江会”成果予以肯定时，岛内一群无良政客与无知暴民的脱序演出却愈演愈烈。

民进党政客带领的深绿抗议民众，11 月 5 日晚围困吴伯雄宴请陈云林的晶华酒店，让赴宴的贵宾、台商无法离开酒店达 8 小时之久。当参加采访活动的大陆记者走出酒店时，抗议民众竟然上前揪打，扯头发，抓领带，掐脖子，连女记者都不放过。

11 月 6 日，绿营民众抗议行动更趋疯狂，众多暴民推倒拒马，冲进管

□ 11月6日，台湾警方防爆警察整装待发护卫“陈马会”会场。

制区，酿出多起袭警流血事件。台湾某电视台的采访车与台商的坐车都被打砸、蛋洗，台商还被骂“台奸”。

岛内舆论对此深表遗憾。台中市长胡志强在街头遭绿色民众劈面吐口水，他说，首次体验到什么叫“唾面自干”，暴力冲突已让朝野双输，台湾形象遭到重创，此次事件反显出大陆的低调、沉稳、踏实。

11月5日晚受困酒店的鸿海集团董事长郭台铭接受采访时大声疾呼，要台湾老百姓不要被那些为了实现个人政治利益、选举利益的政客蒙骗。

一名坐驾被泼脏物的台商说，民进党要抗议是他们的自由，但那些人把车道霸占，向汽车掷东西，随意骂别人，我无法接受，这种行为太卑劣了。

马英九11月6日晚召开记者会，严厉谴责民进党暴力事件，数度拍桌震怒，强调将取缔非法、制裁暴力。刘兆玄也表示：“在野党鼓动群众，撕裂台湾社会，任何以暴力、不理性的行为从事抗议活动，应该受到强烈谴责。”

两会签署的四项协议，即使是街头那些抗议者也说不出对台湾有何不利之处，但民进党仍生生操弄出这些令人不齿的闹剧，丢了台湾的脸，让台湾的形象在国际上遭受重创。

台湾“生命线”自此畅通无阻

第二次“陈江会谈”已经交出成绩单，双方签署四项协议，其中的《海峡两岸空运协议》最为大家所期待。根据协议的内容，在直航客运包机方面大幅放宽，由现阶段的每周末36班，增加到每天都有航班，每周共108班。大陆航点也增添了成都、重庆等16个都市，大陆的直航航点达到21个，涵盖了大部份重要都市。此外在最受关注的航线问题上，双方同意建立两岸航管部门直接交接的直接航路，即“截弯取直”的航线。海基会副董事长高孔廉指出，这项安排取得军方的同意，对来往大陆北方都市的航班，可以节省非常多的时间和成本。在货运包机部分，双方安排各开放两个航点，台湾是桃园和高雄的小港机场，大陆是上海浦东和广州，每月飞行60个往返班次。其他还有海运直航的协议，规定开放台湾11个港口，大陆63处，也拍板签订。

台湾现阶段对大陆及香港的贸易出口，占整个台湾出口额的40%，进口额也在与日俱增之中。台湾和大陆之间的货运、客运往来之频繁，有目共睹。有人称它为台湾的“生命线”，殊不为过。

现在终于落实了真正的直航，让百万台商、政治经济界人士、全台湾民众都长长地松了口气，因为这条台湾“生命线”，自此可以正常化的畅通无阻了。蔡英文认为，直航会导致台湾在经济上过度依赖大陆，蔡主席可能有锦囊妙计，能让台湾经济不倚赖大陆，还能维持下去振兴起来。

诚如江丙坤董事长在圆山大饭店说的，在两岸交流上的这一刻整整花了60年。60年后两岸才能无所顾虑地直来直往，一路走来，其中的坎坷一言难尽。还来不及为此事庆祝，疲困的台湾经济已在哀哀嚎叫，直航完成之后加强了两岸的互动沟通，它究竟能为台湾带来什么立即可见的经济利益?

这个问题颇为迫不及待，咄咄逼人，然而台湾正陷入数十年不遇的重大经济危机，一连3个月贸易连续出现入超，创7年来的新低，台湾已进入衰退期。

两岸签订四项协议只能发挥辅助及间接性的作用来刺激工商业。但是航空业、旅游业的反应相当低调，相关的股票也没见到大幅增长。反而有航空界人士担忧，陡然开放这么多班次的包机，新航点也一下子增加到21个，是否来得太猛，如果是循序渐进地开放，岂不更好？天下竟然有人见到大把商机还犹豫不前，那么这些钱应当还是让香港和澳门的航空公司去赚！让数字说话，每年往返大陆的台商和台湾游客有好几百万人次，每周108个班次，坐满了也不过是两万多旅客，一年中每次航班都客满，才100多万人。难道台湾人都是傻子，宁愿飞港、澳绕道往返大陆吗？为台湾各航空公司量身定作的买卖，还嫌来得太突然了。当局能做的也只有这么多，不能拿着调羹一口口喂吧！或许是因为数十年来两岸问题敏感，台湾

□ 11月4日下午，陈云林和江丙坤在台北签署有关两岸空运直航、海运直航、邮政、食品安全的四项协议。

人怕惹祸上身。政党轮替两次了，签订一则直航协议，还是会惹来民进党人深绿分子骂祖宗。

直航包机畅通，应带来21个大都市的大陆游客，振兴台湾的旅游业。但台湾的旅游业还是不甚积极，摊开手怪别人，大概是因为他们还不太会招揽大陆游客。才闭幕的“台湾旅游展”盛况空前，有21万人次参观，卖出数以亿计的特价旅游行程，最受欢迎的旅游点是港澳、日本和欧洲。台湾旅游业者的动能不减，何不前往有直航到达的大陆21个都市举办旅游展，促销“台湾之旅”？在任何行业里，开拓新市场都是一项学无止境、持续创新的挑战。

美国务院官员
乐见两岸接触　期待正面发展

据台媒报道，海协会会长陈云林11月3日抵达台湾访问，美国国务院东亚局官员强调，美国乐见台海两岸透过建设性方式进行对话以化解歧见并降低区域紧张，美国乐见这次两岸接触，并期待未来有正面发展。

据报道，美国国务院官员11月2日上午接受台湾媒体采访时表示，美国政府对于台湾的两岸政策没有改变，美国欢迎两岸致力和平对话。官员说，美国长期以来一直呼吁台湾与大陆双方透过建设性方式来对话，以降低台海紧张。

官员表示，美国欢迎两岸所有任何正面发展，包括这次陈云林访台的两岸对话。

两会台北签署协议
欧盟表示欢迎并肯定

据台湾媒体报道，欧盟11月4日晚通过其共同外交与安全政策高级代表索拉纳，正式对海协会和海基会签署四项重要协议表达欢迎立场，并认为这些协议是两岸走向有利双方人民的务实解决方案重要且正面的一步。

海协会会长陈云林和海基会董事长江丙坤11月4日在台北签署两岸空运、海运、邮政与食品安全四项协议。

报道称，索拉纳在陈云林和江丙坤签署协议后，迅速做出反应并发布正式声明，代表欧盟表达看法。索拉纳在声明中清楚表达欢迎两岸签署四项协议的立场，并说："今天的协议是走向有利台海两岸人民的务实解决方案重要且正面的一步。"

欧盟再度发表声明
肯定与欢迎两会商谈取得成功

据台湾媒体报道，欧盟轮值主席国法国发表声明，对两岸持续努力改善双方关系表示欢迎，并认为这一做法对东亚稳定有重大帮助。这是继欧盟外交暨安全政策最高代表索拉纳4日发布声明，乐见海峡两岸签署四项协议后，欧盟再度肯定两岸的作为。

海协会会长陈云林与台湾海基会董事长江丙坤，11月4日在台北签署两岸空运直航、海运直航、邮政与食品安全四项协议。

声明指出，欧盟推崇海峡两岸间在陈云林访台时，与江丙坤的会谈。

声明说：“欧盟对会谈成功表示欢迎，这一成功使两岸在交通运输、邮政与食品安全等领域的特定协议得以签署，并进一步建立高层接触及确定未来会谈的时程。”

声明并说：“欧盟尤其欢迎这些会谈有助两岸发展彼此间的信心与了解，这对双方更佳的合作至为重要。”

声明同时强调：“欧盟希望两岸依据设定的时程，在未来持续这一对话进程。”

海外媒体积极评价“陈江会”

海峡两岸关系协会会长陈云林11月4日与台湾海峡交流基金会董事长江丙坤在台北举行会谈并共同签署四项协议，海外媒体对此给予高度关注和积极评价。

新加坡《联合早报》11月5日发表社论指出，台海两岸和解、和平与合作的进程是符合多数人利益、受到多数人支持的共同抉择。既然双方能够越过重重障碍启动了这个进程，那么未来的任何阻力也就不难克服。

社论说，第二次“陈江会”的意义和影响基本上体现在四个方面：其一，这是陈云林这样级别的大陆官员自1949年以来首次踏上台湾土地，象征着两岸为了告别过去、开辟未来；其二，两会4日签署四项协议，无异于正式宣告“三通”目标终将实现；其三，“三通”的全面启动，将逐步缩小两岸在地理和心理上的距离；其四，随着“三通”的展开，两岸合作势必会越来越广泛地惠及台湾民众，使台湾内部对两岸问题的关注增添更多实质性内涵。

美国主要报纸11月4日纷纷报道“陈江会”。《华盛顿邮报》说，这是一次历史性的访问，具有重大政治意义。陈云林是自1949年以来访问台湾地区的最高级别的中国大陆官员，也是大陆与台湾首次在台湾的土地上举行如此级别的会谈。《纽约时报》说，陈云林与江丙坤4日签署四项协议，此举将使海峡两岸更加紧密地合作。《华尔街日报》说，中国大陆与台湾签署的协议将大大消除一些限制两岸经贸交往的最大障碍，也是台湾和海外企业界盼望已久的事情。

法国《欧洲时报》5日发表题为“陈云林一声‘兄弟’连结两岸深情”的评论文章。文章说，陈云林的台湾之行标志着两会制度化协商进程新里程的开始，同时也是两岸关系发展的重要一步。

文章指出，11月3日，全球华人的目光都聚集到了台湾桃园机场，陈云林冲破各种阻力踏上了台湾的土地。为了跨越这一湾浅浅的海峡，两岸两会进行了十余年的不懈努力。二次“陈江会”受到了岛内多数民众的欢迎，而陈云林的一声“兄弟”更得到了岛内媒体的赞许。所谓“患难见真情”，面对席卷全球的金融危机，两岸如果能携手共克时艰，或许可成为增进互信、走向和解的契机。

菲律宾发行量最大的中文报纸《世界日报》5日发表社论指出，“陈江会”达成的四项协议都是事关两岸人民切身利益的大事。在两会制度化协商的机制建立后，本着和平协商的原则，今后两会互动将更加频仍，通过协商或谈判，还将达成更多的协定，为两岸人民办成更多的好事。世界潮流滚滚向前，不同的国家和民族都能和平相处，更何况同根同源的两岸同胞，更应捐弃成见，化干戈为玉帛，携手合作，共创双赢，为两岸同胞

□ 11月5日，两岸工商及航运座谈会在台北圆山饭店举行，海协会代表团出席座谈会。

的福祉而共同努力。

印度尼西亚《国际日报》5日发表评论指出，随着“三通”的实现，两岸加强更深更广领域的合作将无可限量。今后协商签约和互惠双赢将制度化，这对两岸人民、海外华人和亚洲各国都将产生巨大的积极影响，将成为活力四射、强大无比的发动机，带动亚洲经济、社会、文化、科技等各领域突破困难而蓬勃发展，为广大人民带来前所未有的福利和实惠，为亚洲和世界和平作出重要具体的贡献。

台媒民调显示
“陈江会”获多数受访者正面评价

台湾《中国时报》最新民调显示，海协会会长陈云林与海基会董事长江丙坤首度在台北会谈结果，获得多数台湾民众的正面评价。

两人在会谈中达成两岸海运与空运直航、通邮与食品安全等协议。调查发现，56%的受访者乐见两岸达成这些协议，仅17%不以为然；50%的受访者觉得对台湾发展有正面影响，仅两成持相反态度。

对于这次两会协议的过程，多数民众认为符合对等协商的原则。

台湾民众多认为仍有必要继续推动两岸协商。调查发现，56%的受访者赞成马英九执政团队以这次“陈江会”模式，继续推动两岸协商。相对只有26%的受访者感到疑虑。

此外，对于民进党聚众滋扰，多数人表示不以为然。调查发现，59%的受访者并不支持这种做法，15%的人未表示意见。其中，54%的民众觉得未保持和平理性的绿营支持者责任较大。

资料来源

报道

人民网、新华网、中新网、中国台湾网、新浪网等。

评论

人民网、新华网、中新网、中国台湾网、新浪网等。

摄影

曾　嘉、洪少葵、赵振清、黄少华、谭达明、于晶波、刘舒凌、刘卫兵、任晨鸣、潘索菲、武仲林等。